JN028971

理由がわかれば
もっとおいしい！

コーヒーを楽しむ教科書

第15代ワールドバリスタ
チャンピオン
Izaki Hidenori
井崎英典
［監修］

ナツメ社

はじめに

皆さん、コーヒーはお好きですか？

この本を手に取ってくださった方はおそらく、コーヒー好きが多いと思います。僕もコーヒーが大好きです。人の心をホッとさせ、コミュニケーションを促す、素晴らしい飲み物だと信じています。

コーヒーは自由だと思います。「砂糖やミルクを入れるのは邪道」と言う人もいますが、僕はそうは思いません。ブラックでもいいし、ミルクや砂糖、アルコールを入れても美味しい。あまり小難しいことを言わず、気軽に、楽しく、好きなように味わうのがいいと思います。

とはいえ非常に奥深いものです。例えば、栽培する国や農園、品種などにより味わいは変わります。焙煎や抽出の方法によっても、味わいが変わります。近年は、このような情報を提供する店も、こだわる消費者も増えていると感じます。またコーヒーに関する科学的知見が蓄積され、新しい技術が次々と生まれています。

と熱くなってしまいましたが、「コーヒーは苦手だけど、興味がある」という方もいるかもしれませんね。僕もかつて、コーヒーが得意ではありませんでした。コーヒーの味がどうこうというより、僕が子どもの頃に両親がコーヒーショップを始めたものの、休みなく働いているのに生活は大変、という状況で育ったからです。将来、コーヒーを仕事に選ぶとは思いませんでした。

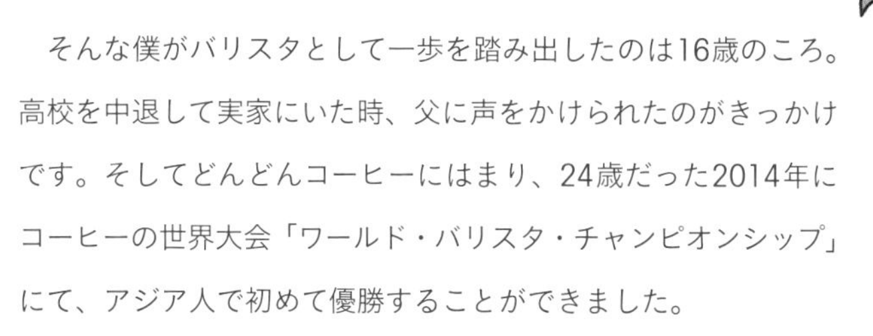

そんな僕がバリスタとして一歩を踏み出したのは16歳のころ。高校を中退して実家にいた時、父に声をかけられたのがきっかけです。そしてどんどんコーヒーにはまり、24歳だった2014年にコーヒーの世界大会「ワールド・バリスタ・チャンピオンシップ」にて、アジア人で初めて優勝することができました。

その後は、コーヒーの大会に出場する世界各国のバリスタたちのトレーニングをしたり、プロ向けの教育プログラムを作成したり。国内外のバリスタ仲間らと連携してコーヒーの勉強、研究を続けています。「とことん美味しい1杯」を追求し、さまざまな新しいことにチャレンジしているのです。

一方で、より多くの人にコーヒーに親しんでもらえるような活動も大切にしています。例えば企業の商品開発に携わり、ハンバーガーチェーン店で提供するブラックコーヒーやカフェラテの監修をしています。国内外のコーヒー会社のコンサルティング、一般の方を対象にした教育プログラム開発にも取り組んでいます。

僕は、コーヒーは人種や国境を越えて人と人をつなぐことができ、人を幸せにすることができるものだと思っています。そんなコーヒーの魅力を多くの人に知ってもらいたい。この本がその一助になれば嬉しいです。

第15代 ワールド・バリスタ・チャンピオン　井崎英典

目次

プロローグ Let's Enjoy COFFEE

第1章 ● 好みの味を見つけよう

第2章 ● 家庭で楽しむ世界チャンピオンの味

第3章●こだわりの店でオーダーするために

第4章 ● 抽出方法で広がる味の世界

第5章 ● プロの味に近づこう

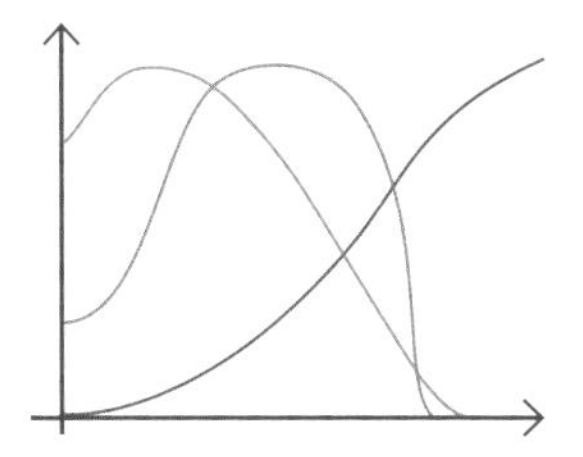

美味しいコーヒーを味わう3ステップ

自分で淹れる

数あるコーヒー器具や豆の中から
お気に入りを見つけて
淹れ方を選ぼう。

自分好みに
楽しみたい

Step 1 器具を選ぶ

まずはここから。
ずらりと並ぶ器具を前に
何を買うべきか悩んだら……

→ 42ページへgo

start!

あなたは
どっち派？

店で飲む

「自分で淹れるのはハードルが高い」
「プロに淹れてもらいたい」という人は
店を選び、豆や飲み方を決めよう。

プロの味を
楽しみたい

Step 1 店を選ぶ

町にはコーヒーショップがたくさん。
目移りして、どの店に入ろうか
決めかねる時は……

→ 32ページへgo

美味しいコーヒーを飲みたい時、
あなたは自分で淹れる？ お店で飲みたい？
どちらにせよ、この３ステップを踏もう！

2 コーヒー豆を選ぶ

ショップで買う場合も
ネット通販で買う場合も
豆を選ぶポイントは同じ！

→ 76ページへgo

3 淹れ方を選ぶ

せっかく自分で淹れるのなら
その方法にこだわろう。
それぞれの抽出方法の違いは……

→ 28ページへgo

3 飲み方を選ぶ

今日の気分は定番のドリップ？
ミルク入りのカプチーノ？
どれにしようか迷ったら……

→ 34ページへgo

2 コーヒー豆を選ぶ

店で飲む際も豆選びは必須。
「自分好みの味」を店員に
うまく説明するコツは……

→ 76ページへgo

コーヒーの個性や特徴を知ろう

豆を買いに、あるいはコーヒーを味わいにショップに行ったものの、
「注文に悩んだ」「メニューの見方がわからない」という経験はない？
コーヒーの個性やプロフィールをおさえれば、もう迷わない！

コーヒーの味は何で決まる？ その1

味わいの
土台になる

味わいの
方向性を
決める

味わいを
決める
最後の工程

コーヒーの味を決める要素はたくさんあるけれど、
豆の質、焙煎度合い、淹れ方の３つがとりわけ大きい。
それぞれの特徴をおさえていこう。

焙煎する前のコーヒー豆を「生豆（なままめ）」といい、肉や魚、野菜など料理に使う素材に相当する。どんなに腕のいい料理人でも、素材がイマイチだと美味しい料理をつくることは困難だろう。コーヒーも料理と同様、生豆の質が味わいの土台となる。

→ 詳しくは20ページへgo

焙煎する時間により、コーヒー豆に含まれる酸味や苦味などの量が変わる。例えば同じ魚料理でも、ナマの刺し身では素材そのものの味を楽しめ、焼き魚など火入れしたものは熱を入れたならではのコクを楽しめるように味の方向性が異なる。コーヒーもどの程度、焙煎するかにより、味わいの方向性が決まる。

→ 詳しくは22ページへgo

コーヒーを淹れる方法はさまざまあり、それぞれ味わいが変わってくる。例えば魚に火を入れる場合も、煮たり、焼いたり、蒸したり……といくつもあり、風味や食感などが変わるのと同様。飲むための最後の工程である抽出は、味わいの決め手だ。

→ 詳しくは28ページへgo

コーヒーの味は何で決まる？その2

味わいの決め手の抽出には、さまざまな方法がある。
同じ抽出方法でも、粉の粒の大きさなどによって味わいは変わる。
抽出に使う水、飲むカップなどによっても味わいは変化する。

まだある

コーヒーの味わいを決める要素

引き出しやすいコーヒーの成分が変わり、それによって味わいも変化する

お湯の温度

→168ページへgo

粉の量

→162ページへgo

多すぎても少なすぎても美味しく淹れられない。適量が大切

適切な量にしないと、抽出不足や抽出しすぎの原因になる

お湯の量

→ 162ページへgo

カップの種類

口に含んだ質感を変える

カップやグラスの飲み口部分の厚さや広がり具合、またカップの材質によって口あたり、香りの立ち方が変わり、飲んだ時の印象に影響する。

→ 176ページへgo

水

成分の引き出しやすさに影響

硬水と軟水は質感が異なり、その違いは抽出後のコーヒーの味わいにも影響する。また硬水と軟水ではコーヒーの成分の引き出しやすさも変わってくる。

→ 178ページへgo

アレンジ

ミルクやアルコールとあわせる

コーヒーそのままで味わうブラック以外にも味わい方は多彩。砂糖やミルクとあわせて、マイルドで甘みもある味わいを楽しんでもよい。アルコールを加えてコーヒーカクテルにし、コーヒーのほろ苦さ、リキュールやミルクの酸味や甘さを楽しんでもいい。

→ 144ページへgo

第1章

好みの味を見つけよう

美味しいコーヒー、好みのコーヒーを味わうには
どうすればいいだろう──。
コーヒーの味を決める要素はいくつもある。
その中でも、好みの味に出会うために
とりわけ知っておきたい８つのポイントを紹介する。

思えばあの日
ボクはコーヒーの世界の
トビラを開いた
久しぶりに隣町を歩いていると
コーヒーのいい香りがした
フワ〜
こんな所に
コーヒー
ショップ
あったかな
COFFEE
open
ちょっと
入ってみるか
いらっしゃいませ
こだわりの店？
ドキドキ
する…
ミディアムロースト？
フレーバー？？
お好みの
味はあり
ますか？
いやぁ、よく
わからなくて
では、飲み比べは
いかがです？
なんかすごい…

あ、美味しい
うわぁ
メチャクチャ
美味い！
これも
いいけど
ちょっと
苦いかな
スッキリ
していて
飲みやすい
どれも味わいが
違うんですね
コーヒーは
焙煎度合いや
生産地などで
味わいが
変わるんですよ
コーヒーって
奥が深いんだ…
もっと知りたい
本当に
美味い

1 コーヒーにはランクがある

コーヒーの価格は店によってバラバラ。1杯100円のものがある一方で、1杯1000円以上のものもあり、中には1万円以上のものも。なぜこんなに幅があるのだろう――。

1杯1万円超えも

店による価格の違いは、素材の違いが大きい。コーヒーにはランクがあり、ランクによって品質や味わいが異なり、値段も変わる。好みのコーヒーに出会うためには、料理と同様、素材選びから始めたい。その第一歩として、コーヒーにはランクがある、ということをおさえよう。

味覚は人によって異なるが、品質が高い「いい豆」を選ぶことで、好みにあう、美味しいコーヒーに出会える可能性は高まる。

では、「いい豆」とは？ まず欠かせない要素は、印象的な風味や味わいがあることだろう。そのためには、生産者が整った環境で真摯に栽培し、生産情報が明確であることが重要。輸送や焙煎、抽出などの各工程が適切に行われていることも大切だ。

いい豆のポイント

1 印象的な風味がある

コーヒー豆の品質が高く、印象的な風味や酸味、甘さがあり、消費者が飲んで美味しいと感じられる

2 生産情報が明確

誰がいつ、どこで、どのように栽培したのか、収穫後はどのように「コーヒー豆」に仕上げたのか、などが明確

3 各工程が適切に行われている

栽培、輸送、焙煎、抽出など消費者が味わうまでの多くの工程が、いずれも適切に行われている

コーヒーは、「スペシャルティコーヒー」をトップに3段階に分類されることが多い。最高グレードのスペシャルティコーヒーは、栽培から抽出に至るまで徹底した品質管理が行われている。特徴的な風味や酸味があり、口あたりや後味の印象もよい。

次にグレードが高いのは「プレミアムコーヒー」で、生産地や農園などの情報をトレースできる。スペシャルティコーヒーほど徹底されてはいないものの、準じた品質管理がされており、比較的、品質は高い。

この2つに次ぐ「コマーシャルコーヒー」は生産地の規格で格付けされ、一般流通するもの。「コモディティコーヒー」ともいう。品質は、比較的よいものも、そうではないものもあり、幅広い。

コーヒー以外にも区分がある食品は多く、区分に基準を設けているケースは少なくない。例えば、日本酒の大吟醸、吟醸などの区分は、原料のお米の削り度合いで決まる。

コーヒーの場合、日本酒などのように業界全体の統一基準はないが、店によっては品評会の点数などを基準にしているケースもある。

コーヒーのランク

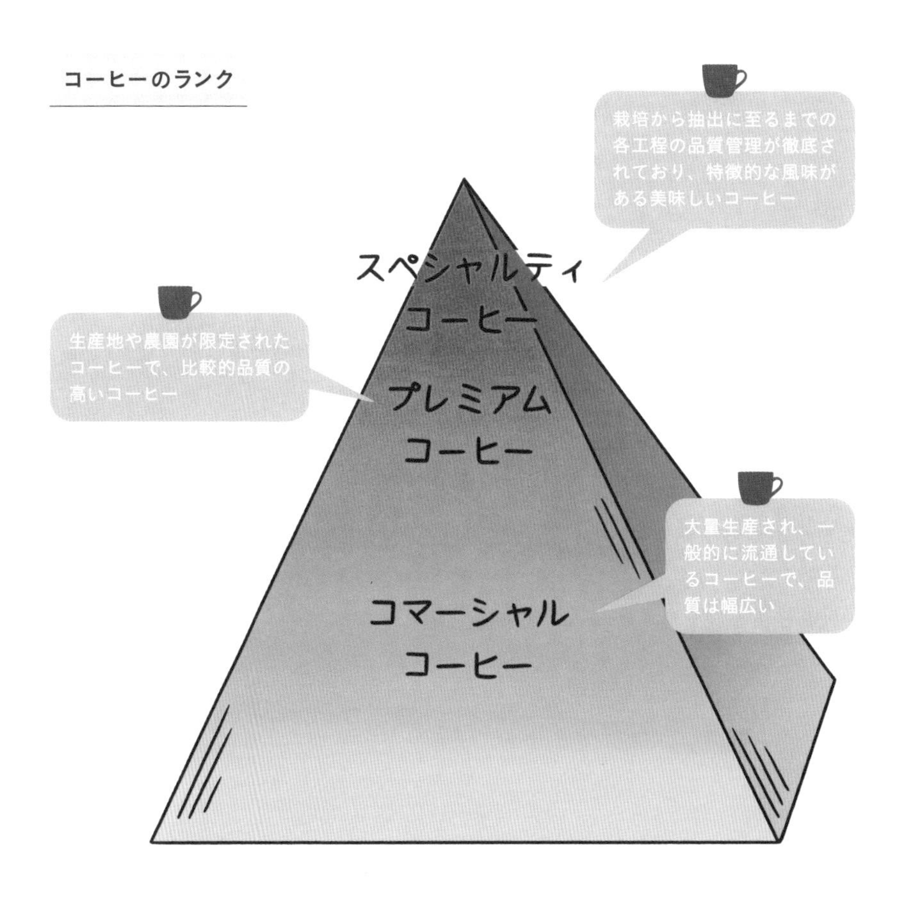

2 焙煎度合いが味の大枠を決める

数あるコーヒーの味わいを決める要素のうち、次におさえたいのは焙煎だ。焙煎していない豆で抽出しても青臭さが際立ち、美味しくはない。コーヒー独特の酸味や苦味、甘みは全て、熱を入れることで生まれる。

コーヒーの味わいや風味の中でも、とりわけ特徴的なのは酸味と苦味。酸味、苦味と焙煎の関係についてみていこう。

酸味は、焙煎を始めて間もなく生まれる。焙煎が進むと酸味は減っていき、かわりに苦味が生まれる。そのため、焙煎時間が短い「浅煎り」は酸味が強く、焙煎時間が長い「深煎り」は苦味が強くなる。この中間である「中煎り」は、両者のバランスがよくなる。

料理で例えると、浅煎りはお刺身、深煎りは焼き魚といえるだろう。浅煎りはより素材そのものの風味を楽しめ、深煎りは長時間の火入れならではの甘みやほろ苦さを楽しむことができる。

焙煎度合いと味わいの関係イメージ

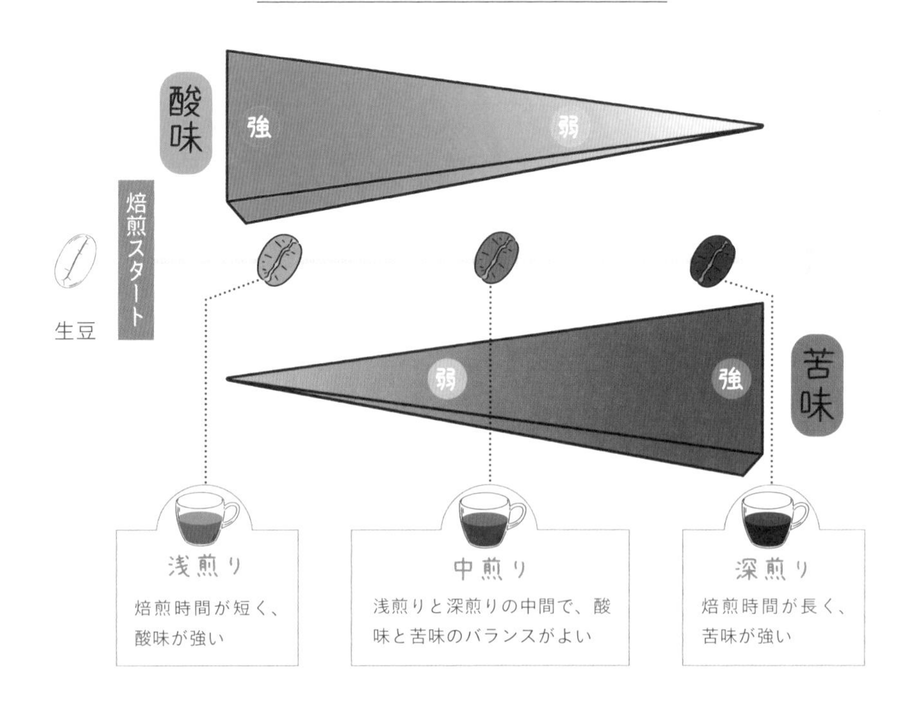

一般的に、焙煎度合いは最も焙煎時間が短いライトローストから、最も焙煎時間が長いイタリアンローストまでの８段階に分類されることが多い。目安としては、浅煎りに区分されるのがライトロースト、シナモンロースト、ミディアムロースト、中煎りがハイロースト、シティロースト、中深煎りがフルシティロースト、深煎りがフレンチロースト、イタリアンロースト。店に並ぶのはミディアムロースト、ハイロースト、シティローストが中心だ。

とはいえ、焙煎度合いに厳密な基準や定義はなく、店によって分類が異なることもある。例えば「中煎り」を選んでも、一般的にみれば浅煎りの場合も、逆に深煎りの場合もある。

焙煎の種類と味わいの特徴

区分	焙煎	特徴
浅煎り	ライトロースト	酸味が強く、生豆の青臭さも残る
浅煎り	シナモンロースト	まだ酸味が強い。コーヒー独特の香りが立ち始めるものの、苦味はほとんど感じられない
浅煎り	ミディアムロースト	酸味がメーンだが、かすかに苦味を感じられ始める。お店に並ぶのは通常、このあたりから
中煎り	ハイロースト	酸味、苦味をバランスよく感じられるようになってくる。お店の定番の一つ
中煎り	シティロースト	十分な酸味があり、苦味やロースト感も増す。これも、多くのお店の定番
中深煎り	フルシティロースト	酸味が少なく、苦味が強い。アイスコーヒーやエスプレッソによく用いられる
深煎り	フレンチロースト	酸味は残るものの、苦味が際立つ。エスプレッソやカフェオレなどに使われる
深煎り	イタリアンロースト	豆の色はほぼ黒。酸味はほとんど感じられず、苦味や香ばしさが強い。アイスコーヒー、カプチーノなどに使われる

自分好みのコーヒーを見つけるため、
まずは焙煎度合いが異なるものを飲み比べ
味わいの違いを感じよう！

3 産地や品種によって味わいが異なる

コーヒーはアフリカや中南米、アジアなど多くの国・地域で栽培されており、産地によって味わいは異なる。また産地が同じでも、品種によって味わいは変わる。

ワインのように、コーヒーにも産地による風味特性がある。深煎りだと違いを感じ取りにくくなるが、浅煎り～中煎りだと、エチオピアやケニアなどのアフリカ産は、さわやかでフルーツのような酸味を含む傾向にある。ブラジルやコロンビアなどのコーヒー産地が集まる中南米産は、しっかりとしたボディ感を楽しめるものが多い。アジアで人気が高いインドネシア産は、ややスパイシーな風味が特徴だ。

近年、メニューに品種を載せる店も増えてきたがまだまだ少数派で、コーヒーの品種といっても、なじみがないかもしれない。「キリマンジャロ、ブルーマウンテンなら聞いたことある」という人もいるかもしれないが、両方とも品種ではない。お米でいうと「魚沼産コシヒカリ」の魚沼にあたり、ブランド産地をさす。コシヒカリ、ササニシキ……といった品種が、コーヒーにもたくさんある。

飲み比べた印象はどうだろう？

ブラジルでは、ブルボンなど定番といわれる品種を中心に栽培されている。ブラジル産では、なじみのある酸味や苦味、そして甘みを感じられたのではないだろうか。

ケニアでは主にSL28やSL34といった品種が栽培されており、これらは特徴的なジューシーな酸を含んでいる。

エチオピア産のコーヒーは、ゲイシャなど特定されている品種もあるが、分類されずに品種名が付いていないものが多い。ただ総じて、フルーティーで口あたりが優しい、すっきりとした味わいだ。

酸味と苦味のバランスがよい

ブラジルで栽培される品種は、ブルボンやティピカ、ムンドノーボなど。酸味と苦味のバランスがよく、甘みのボリュームもある。

ジューシーな酸味が特徴

ケニアのコーヒーは、まるでフルーツ果汁のようなジューシーな酸を多く含むものが多い。初めて飲むと、特徴的な酸味に驚く人もいるかもしれない。

口あたり優しくスッキリ

エチオピアのコーヒーは、フルーティーで口あたりが優しい、スッキリした味わいが特徴。紅茶を思わせるクリーンな味わいを楽しめる。

地域ごとの味わいの傾向

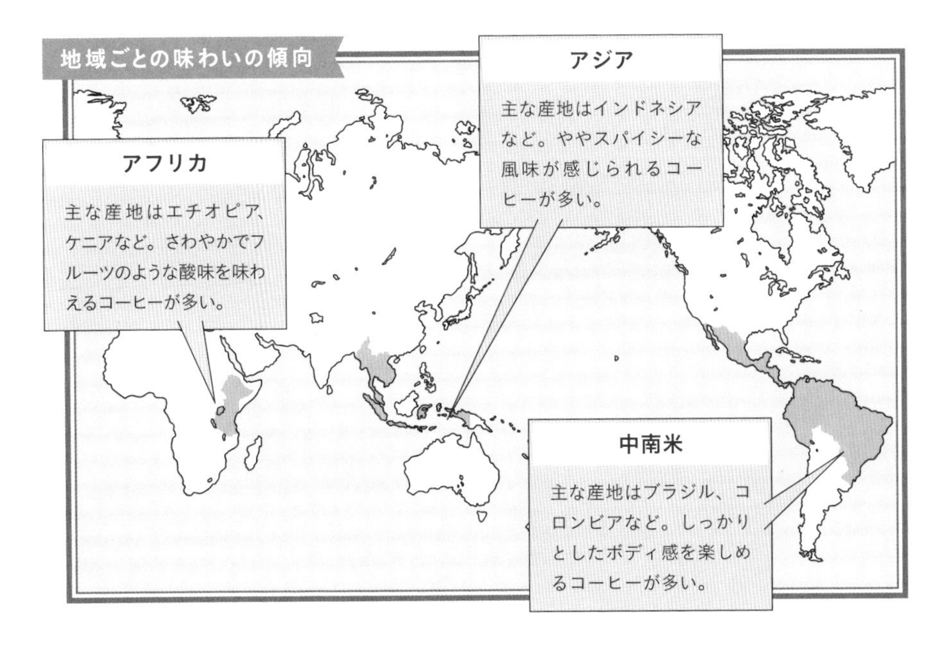

4　コーヒー豆のつくり方で味わいが変化

コーヒー豆はどのようにつくられるのだろう。コーヒー「豆」というが、実はタネ。コーヒーチェリーという果物のタネを取り出し、乾燥させたものがコーヒー豆だ。この過程を「生産処理」といい、方法によって味わいは変わる。

生産処理にはさまざまな方法があるが、代表的なのは「ナチュラル」「ウォッシュド」の2つ。

ナチュラルはコーヒーチェリーを天日乾燥させ、タネの周囲にある果肉などを取り除いてコーヒー豆にする。ウォッシュドはコーヒーチェリーを水に漬けて粘液質を発酵させてから、果肉などを取り除き、乾燥させる。

生産処理のイメージ

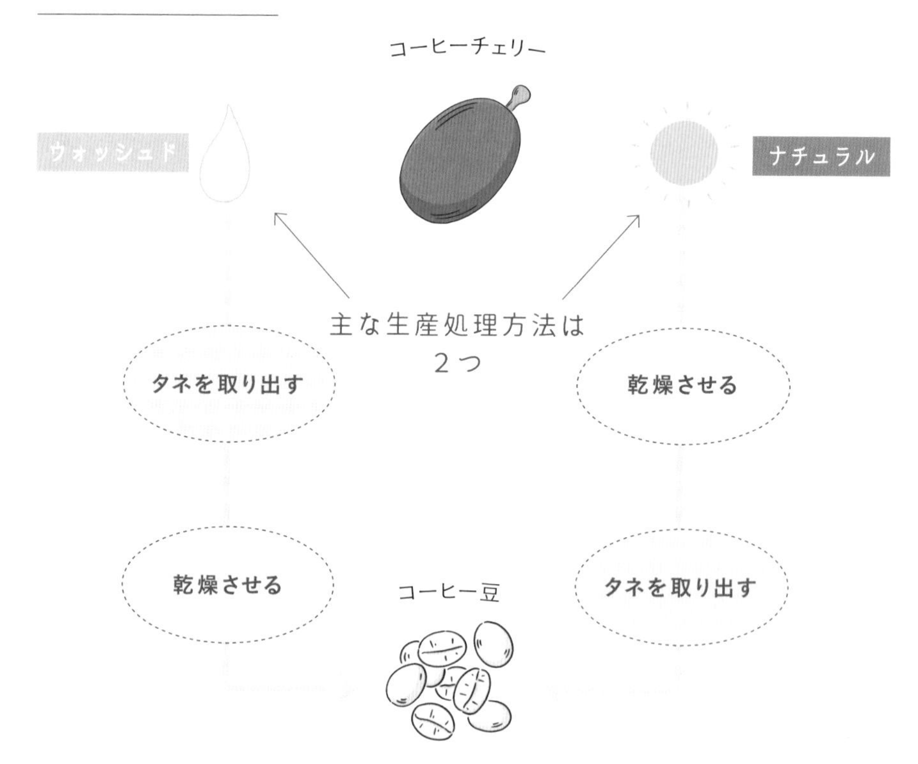

生産処理の方法によって、コーヒーの風味や味わいに変化が出る。ナチュラルは天日乾燥させる過程で発酵が進む。そのため、コクがあり、甘みが強くなる。一方でウォッシュドは水に漬けるため、スッキリとしたクリーンな味わいになる。

基本はこの２つだが、地域によっては独自の方法もある。近年では、ナチュラルとウォッシュドの中間といえる手法で、コクとクリーンさの両方を追求する「ハニープロセス」を行っている産地も増えている。また、ワイン醸造の方法をベースにした科学的な手法など、新たな生産処理方法も生まれている。

生産処理とコーヒーの味わいのイメージ

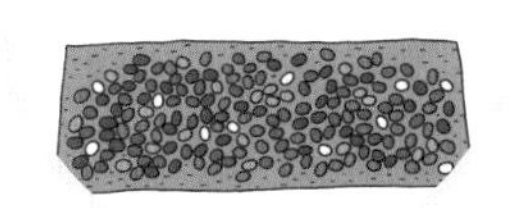

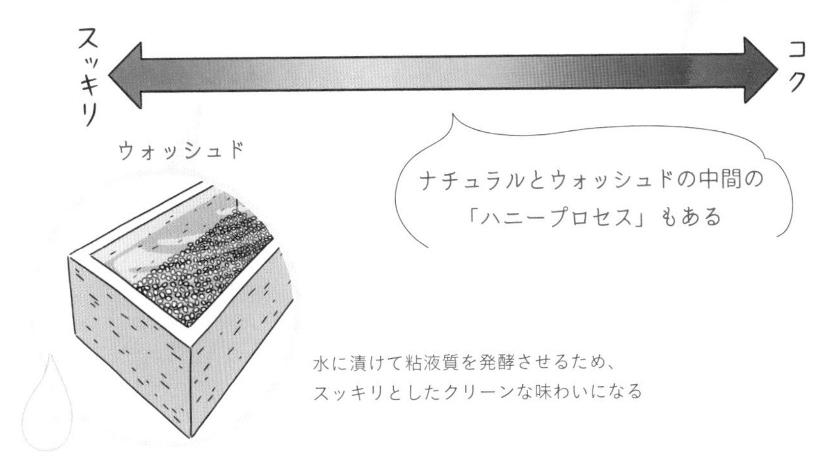

5　淹れ方によって味に特徴が出る

コーヒーは、豆に含まれる成分をお湯や水に溶かしてつくるシンプルな飲みもの。コーヒーを淹れることを「抽出」といい、同じ豆でも抽出方法によって味わいは変わる。

抽出は非常に奥深いもので、同じ抽出方法でも使う器具によって味わいに特徴が出る。また、同じ抽出方法・器具でも、お湯の温度や用いる粉の量によって変化する。さらに、抽出器具や条件が全く同じでも、淹れる人によって異なってくる。

ここでは、代表的な抽出方法のペーパードリップ、フレンチプレス、エスプレッソを紹介しよう。ペーパードリップは、ドリッパーに粉をセットしてお湯を注いでいく日本の定番。フレンチプレスは専用の器具があれば手軽に楽しめ、コーヒーの成分を丸ごと抽出することができる。エスプレッソは濃厚さが特徴で、そのまま飲んでも、ミルクとあわせてもいい。

味わいはエスプレッソが最も濃く、フレンチプレスは比較的ライト。ペーパードリップはドリッパーによって幅広い。

抽出器具による味わいのイメージ

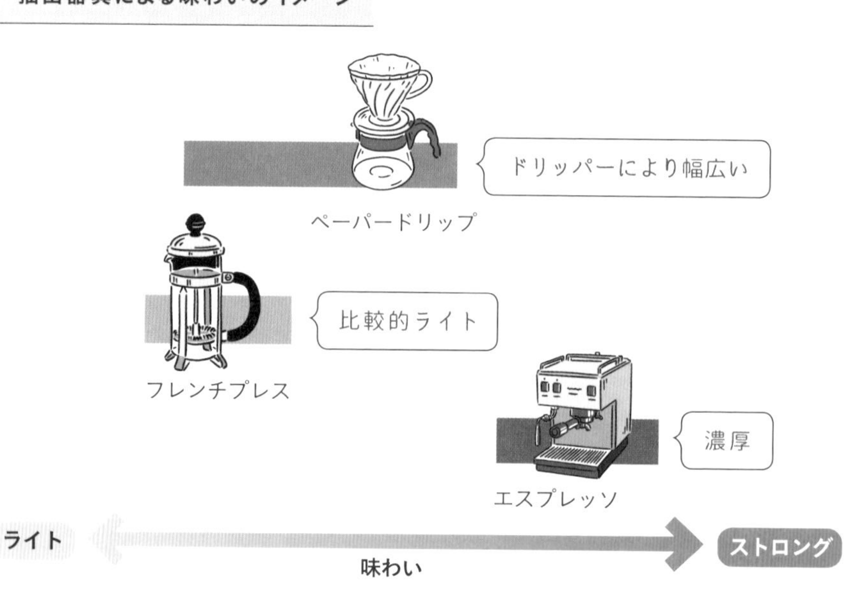

ペーパードリップ

日本で人気のクリアな味わい

数ある抽出方法の中で、最も日本人に親しまれている。ドリッパーの上にペーパーを置き、その上にコーヒーの粉をセットし、お湯を注いで抽出する。コーヒーの成分はお湯に溶け、ゆっくりと落ちていく。コーヒーに含まれるオイルがペーパーで程よく取り除かれるため、クリアな味わいになる。

フレンチプレス

コーヒーオイルを楽しめる

細長いガラス製の専用器具を用いて抽出する。日本では紅茶を淹れる際に使われることが多いが、フレンチプレスはもともと、ヨーロッパでコーヒー用に開発された。器具の中にコーヒーの粉とお湯を入れ、成分を溶け出させる。ペーパードリップでは取り除かれるオイルも含め、成分を丸ごと楽しめる。

エスプレッソ

濃厚な味わいが特徴

イタリアやフランスなどで親しまれている。高温のお湯を、圧力をかけながら短時間で粉に注いで抽出する。専用のエスプレッソマシンを用いることが一般的。濃厚な味わいが特徴で、砂糖を入れたり、ミルクとあわせてカフェラテやカプチーノにしたりして飲まれることも多い。

6 「フレーバー」で味を表現できる

コーヒーを飲んで気に入った時、あるいはイマイチだった時、その印象をどう人に伝える？ 「苦味が強い」「マイルドな甘みがある」など、酸味や苦味、甘み、香りを言葉にするのでは。コーヒーのプロたちも同様だ。

酸味や苦味、甘みといった味わい、香りなどの総合的な印象を「フレーバー」という。コーヒーの世界では、フレーバーを多くの人になじみがある食べ物に例える。そのように表現することで、飲んでいない人も味わいをイメージしやすくなる。

とはいえフレーバーは主観的な要素も強く、最初は感じられなくてもあまり気にしなくていい。ただ、バリスタや焙煎士は素材が持つフレーバーを引き出せるような味づくりをしているので、少し意識するとコーヒーの世界は広がっていく。

まずは、そのコーヒーは酸味と苦味のどちらがより強いか、感じてみよう。次に、酸味や苦味の強弱を意識しよう。慣れてきたら、フレーバーの種類を感じ取ろう。

フレーバーのイメージ

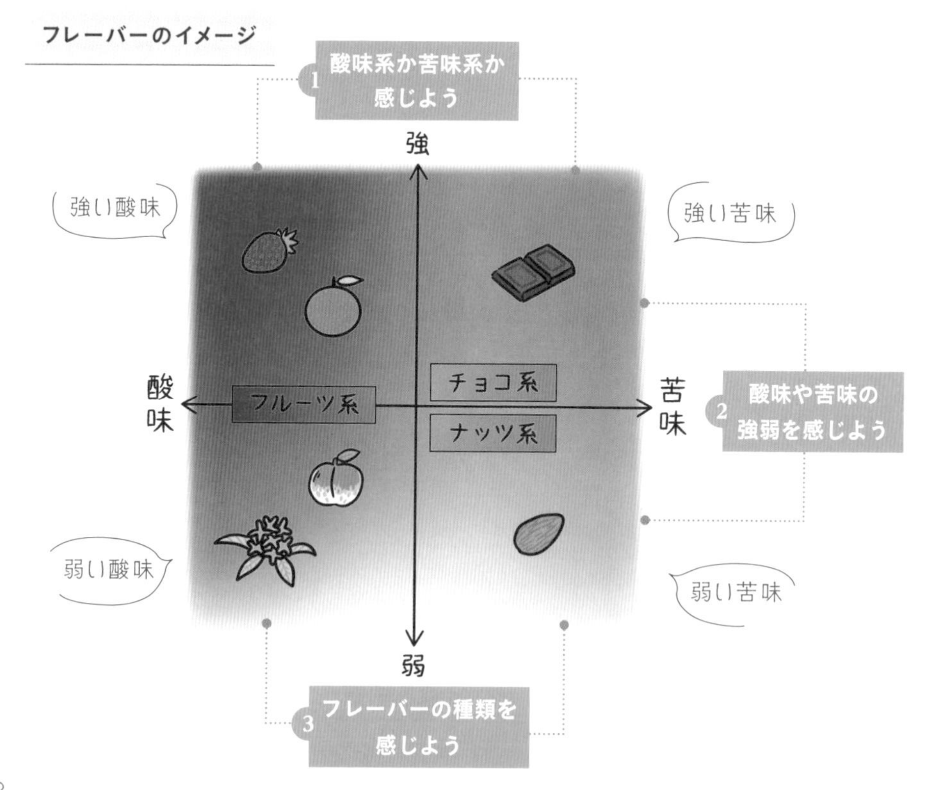

Flavor

酸味系

強い酸味を感じるときはストロベリーやブルーベリーなどが挙げられる

さわやかな酸味を感じるときはオレンジやレモンなどが挙げられる。ほのかな酸味は、キンモクセイやジャスミンなど花に例えられることも

苦味系

チョコ系

コクのある苦味を感じるときはチョコレートなどが挙げられる

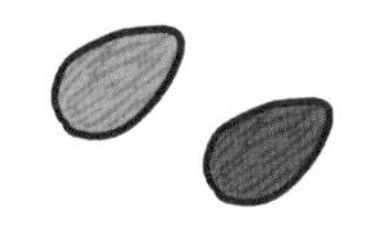

香ばしい苦味を感じるときはナッツ系が挙げられる

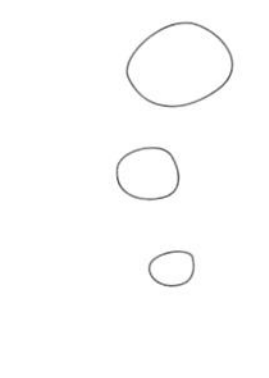
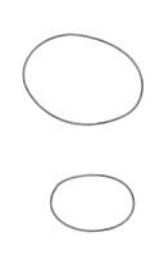
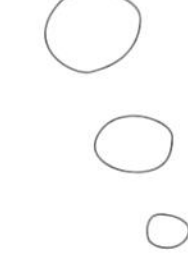

7 ショップ選びにポイントがある

好みのコーヒーに出会うためには、ショップ選びも大切だ。コーヒーにどう向き合っているのか、客やコーヒー豆を大切にしているか、チェックしよう。

チェックしたい

質問に丁寧に答えてくれる

気になったコーヒーのオススメの抽出方法、相性のよいフードなど、「コーヒーのプロ」として質問に丁寧に答えてくれる店は信頼できるだろう。店員のコーヒー愛も高いはず。

Point 2

試飲できる

焙煎度合いや産地、フレーバーなどの情報で、ある程度は味をイメージできるだろう。とはいえ、百聞は一“飲”にしかず。飲み比べできると、好みの豆を探しやすくなる。

4つのポイント

Point 3
豆の情報を教えてくれる

豆の情報を把握しているかチェックを。詳しい情報を把握していても、メニューは「ブラジル」などと簡潔にしていることもある。店がどこまで生産情報をトレースしているか、聞いてみよう。

Point 4
焙煎日を明示している

コーヒーの飲みごろは焙煎後1～2週間。店を訪れた時が飲みごろなのか、数日間寝かした方がよいのか判断するため、焙煎日を示していたり、教えてくれたりする店を選ぼう。

8 幅広いアレンジを楽しめる

コーヒーを飲みたくなるのはどんな時？ 食後の一杯？ 仕事の相棒？ 一人で読書する時と、恋人や家族と過ごす時とでは、飲みたいコーヒーは異なるかもしれない。幅広いアレンジを楽しむことができるのも、コーヒーの魅力だ。

21:00

フルーティーな浅煎りで一日を締めくくる

一日の締めくくりには、浅煎りのフルーティーなコーヒーはいかが。きっと読書がはかどるし、家族団らんにもぴったり。コーヒーを飲むと寝つきが悪くなる人は、カフェインレス（デカフェ）もオススメ。

15:00

ミルク入りでリラックスタイム

ブラックもいいけど、ミルクや砂糖をあわせて味わうのもコーヒーのよさ。カフェオレやカプチーノで、友人や恋人とのリラックスタイムを過ごしては。チョコレートやケーキとの相性もバツグン。

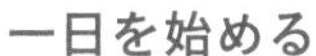

バランスのよい中煎りで一日を始める

目覚めの一杯には、酸味も苦味も適度な中煎りや、バランスが整っているブレンドはどうだろう。ドリップもいいし、手間のかからないフレンチプレスもオススメ。コーヒーの香りも堪能し、スッキリと一日を始めよう。

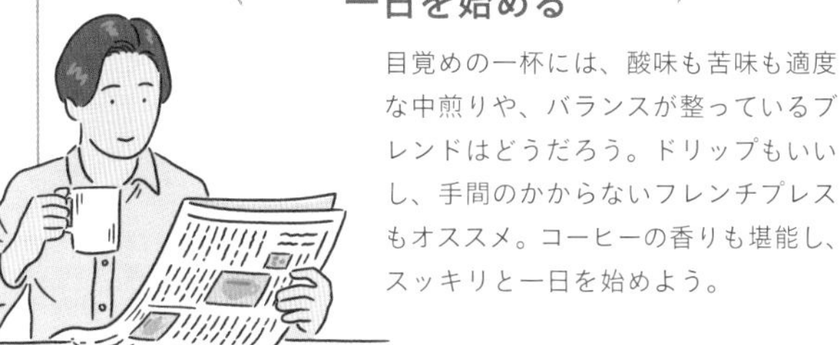

深煎りを相棒に仕事に集中

オフィスでの仕事中は「コーヒーが欠かせない」という人もいるのでは。仕事に集中できるよう、キリッとした深煎りはいかが。

13:00

ランチ後はエスプレッソで気分転換

午後にもうひと踏ん張りするため、エスプレッソで気分転換をはかってみては。アイスコーヒーで口直しするのもオススメ。

COLUMN 1

コーヒーはいつから飲まれている？

今では世界中で飲まれるようになったコーヒー。目覚めの一杯に始まり、日常生活に欠かせないという人も多いだろう。では、人類はいつからコーヒーを飲んでいるのだろうか――。

コーヒーの歴史を紐解いていくと、その起源は諸説出てくる。その中でも有名な、羊飼いのカルディ、イスラム修道者のシーク・オマールの話を紹介する。

STORY 1

羊飼いカルディ

アフリカのアビシニア（現・エチオピア）に伝わる話。羊飼いのカルディはある日、普段はおとなしいヤギたちが興奮して躍っている姿を見る。観察していると、ヤギは樹になった赤い実を食べた後に躍り出すことがわかった。カルディが試しに実を口にしてみると、気分がスッキリした。それ以来、近くの修道院では儀式の際、眠気覚ましにこの実を使うようになったと伝えられる。

赤い実を食べたヤギが躍り出すことを発見

空腹や疲れを癒やす
ナゾの赤い果実を発見

STORY 2

イスラム修道者
シーク・オマール

イスラムの文献に記載されている、イエメンの港町・モカの話。修道者のシーク・オマールは不祥事により、町を追われてしまう。洞窟で草木を食べ、空腹に悩まされる生活を送っていたある日、美しい鳥に導かれて樹になる赤い実を発見する。煮出して汁を飲んでみると、空腹や疲れが癒やされた。オマールは町に戻り、人々にその汁を提供したと伝えられる。

この２つのストーリーは、いずれも伝説といえる。ただ、農作物としてのコーヒーのルーツはエチオピアにあり、イスラム圏の聖職者たちはかなり古い時代からコーヒーを飲用していたといわれている。そのため、アフリカや中東が舞台の話が語り継がれてきたのだろう。

実際、イエメンに近いアラブ首長国連邦の遺跡で、1100年ごろのものとみられる炭化したコーヒー豆が発見されている。これは1996年のことで、コーヒーの長い歴史からみると比較的新しい。今後も新たな発見があるかもしれない。

第2章

家庭で楽しむ
世界チャンピオンの味

「お湯は『の』の字に」「蒸らしはハンバーグ状で」──。
コーヒー抽出に関するさまざまな方法を聞いて
自分で淹れるのは難しい……と思っている人もいるかも。
でも、細かいことは気にしなくてOK。
井崎流のシンプル、でも美味しい抽出方法を紹介する。

これください
お待たせしました
カチャ
美味い
カラン
今月のオススメ100gください
ごちそうさまです
はじめてセット
へぇー
これさえあればご自宅でもコーヒーを楽しめますよ
じゃあそれください……
ドキドキ

ありがとうございました
よーし
やるぞ！
あっ！
肝心の豆を
買い忘れた……
淹れ方も
わからない…
バリスタへの
道は遠い…

家で美味しく淹れるために

まず揃えたいコーヒー器具

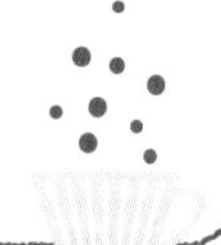

コーヒー器具を買いに行くと、お店にはさまざまなものが並んでいる。種類が多く、最初から全部揃えるのは大変かもしれない。まずはドリッパー、ペーパーフィルター、スケールを用意し、基本の淹れ方をマスターしよう。

Item 1 ドリッパー

何か1つ準備しよう。形状や素材によってコーヒーの味わいは変わるが、それについては第4章（P129〜）や第5章（P174〜）で紹介する。まずは、気に入ったものでOK。

ハリオV60

スッキリした味わいに仕上がる。スペシャルティコーヒー店の定番

カリタウェーブ

使い勝手がよく、初心者でも味がブレにくい

台形タイプ

しっかりとした味わいになる。喫茶店などで見たことがあるのでは

ドリッパーにあわせて選ぼう

Item 2 ペーパーフィルター

さまざまな形状があるが、それはドリッパーの形状にあわせてつくられているから。必ずドリッパーにあわせて選ぼう。オススメは、使うドリッパーと同じメーカーの純正タイプ。

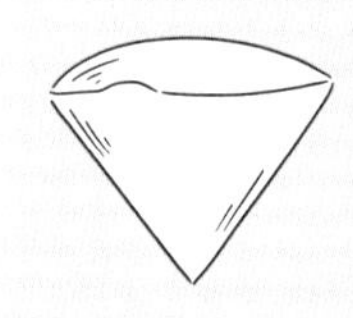

広げると円錐形になり、円錐形のドリッパーにおさまる

側面が波状で、ウェーブドリッパーにフィットする

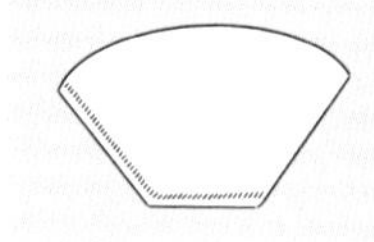

広げると底面は直線、上部は楕円形で、台形のドリッパーにあう

自宅でドリップコーヒーを楽しむためには
ドリッパー、ペーパーフィルター、スケールを
まずは揃えるべし!

Item 3 コーヒー用スケール

美味しいコーヒーを淹れるためには、コーヒー豆・粉の重さ、お湯の重さ、時間をきちんと計測することがとても大切。コーヒー用スケールがあれば、重さも時間も同時に計測できる。

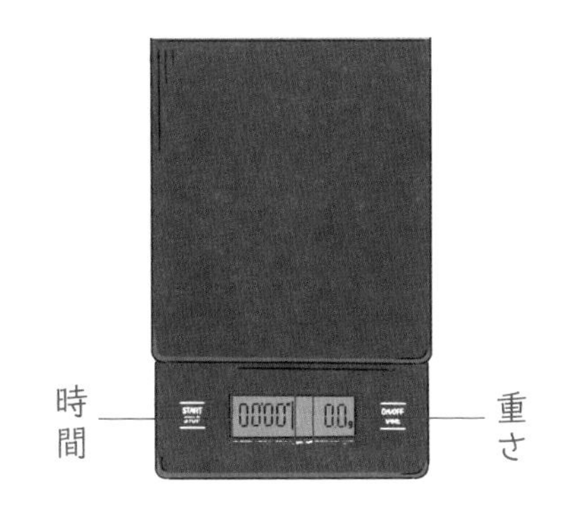

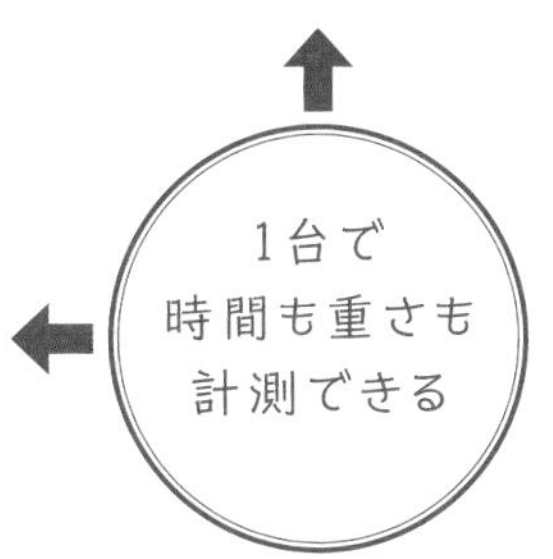

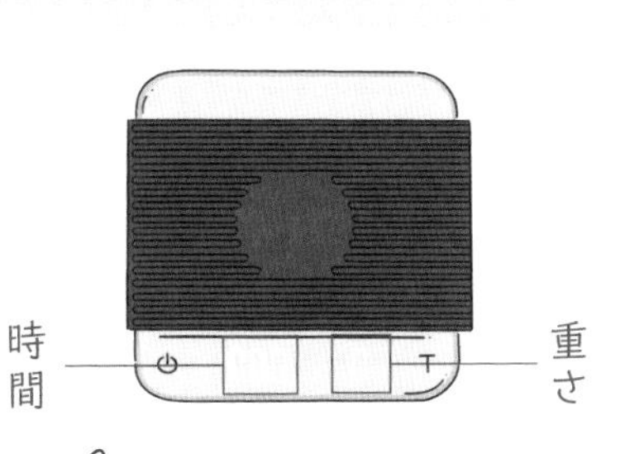

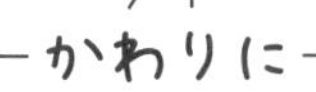

かわりに キッチン用品でもOK

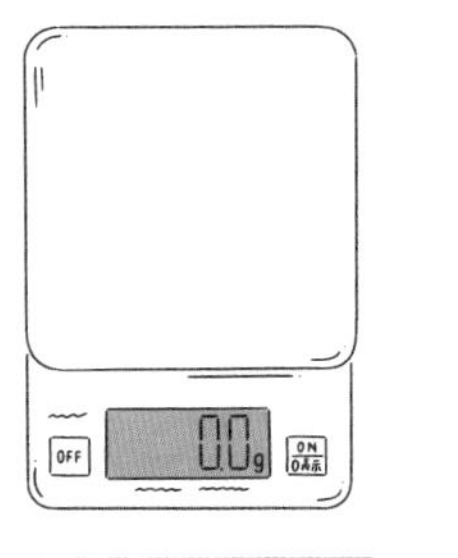

キッチンスケール

＋

キッチンタイマー

コーヒー用スケールのかわりに、重さと時間を別々にキッチン用品で計測してもよい。時間はスマートフォンで計測してもOK。

家で美味しく淹れるために

あると便利なコーヒー器具

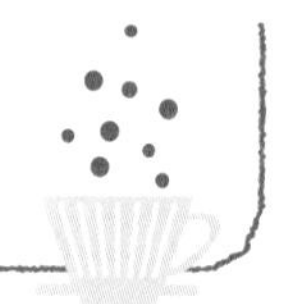

ドリッパーとペーパーフィルター、スケールに加え、あると便利なのがドリップケトルとサーバーだ。ドリップケトルを使うと、お湯の注ぎ方を調整しやすい。一度に何人分か抽出する時はサーバーがほしいところ。

Item

ドリップケトル

コーヒーの粉の上に注いでいくお湯の太さや量、お湯を落とす場所をコントロールすることができる。抽出をスムーズにしてくれる。

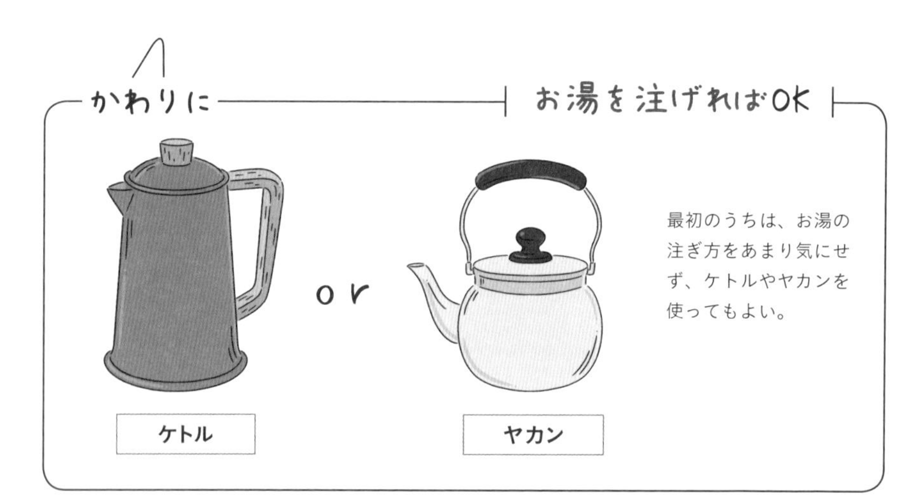

お湯の注ぎ方を調整し
一度に何杯か淹れるためには
ケトルとサーバーもあるとよい

Item 2 サーバー

一度に何杯か淹れるためには購入したい。目盛りがついており、抽出量を把握できるのも使い勝手がよい。

かわりに

ドリッパー

マグカップ

マグカップなどにドリッパーをセットして、1杯ずつカップに抽出してもよい。

ここで挙げたものを既に揃えている人やステップアップしたい人向けに、次に揃えたいものを第5章で紹介しよう。

実際に淹れてみよう

井崎流ハンドドリップ術

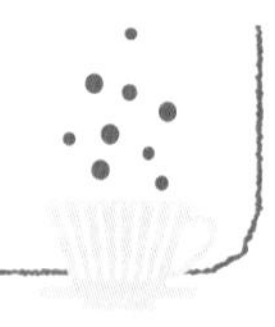

それでは、井崎英典流のハンドドリップ方法を紹介する。
ここではハリオV60を使うが、もちろん別のものでもOK！

セッティング

01 コーヒー豆（粉）を量る

抽出したいお湯の総量、コーヒー豆（粉）の重量割合が100：8となるよう、コーヒーの豆や粉を用意する。必ずスケールできっちり量ること。ミルを持っていれば粗めに挽き、持っていなければ店で「中粗挽き」にしてもらおう。

粉は粗めに

抽出量の目安	お湯 (100)	コーヒー (8)
1杯分	150g	12g
	200g	16g
2杯分	300g	24g
⋮	⋮	⋮

お湯は
4回にわけて注ぐ

時間	湯数	お湯の量
スタート	1湯目	20%
1:00	2湯目	計40%（20%注ぐ）
1:30	3湯目	計60%（20%注ぐ）
2:00	4湯目	計100%（40%注ぐ）
落ち切ったら		完成！

1湯目　蒸らしながら攪拌

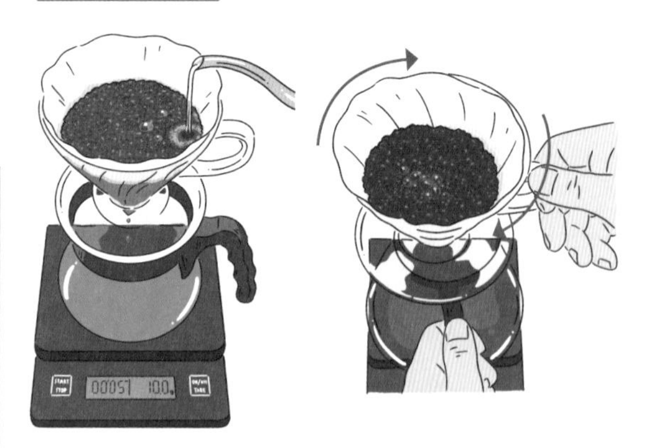

全体の湯量の20%を注ぐ。注湯後は、粉がお湯によく触れるよう、ドリッパーを回転して攪拌しよう。お湯を注いだ直後から、粉は膨らんでくる。この時間を「蒸らし」という。

ハンドドリップの流れ

セッティング → 1湯目 → 2湯目 → 3湯目 → 4湯目

02 ドリッパーを温める

コーヒーの美味しさを十分に引き出すため、器具を温めることが大切。ドリッパーにペーパーフィルターをセットし、フィルター全体にお湯をかけよう。

03 粉をセットする

粉をフィルター上に移していく。粉の表面がフラットになるよう少しずつ移し、最後にドリッパーを軽く揺すってもいい。

2、3湯目 太めに注湯

全体の湯量の20％をそれぞれ注湯する。お湯は1湯目よりも少し太くなるように注ぐ。

4湯目 最後に攪拌

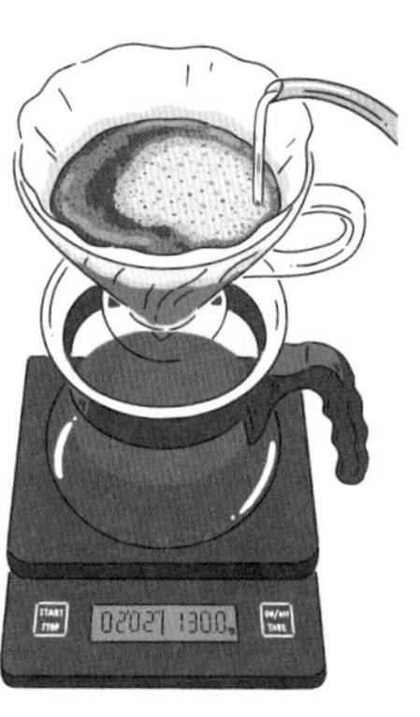

残りのお湯40％を注ぐ。お湯が少し落ちたら、1湯目の後と同様にドリッパーを回して攪拌しよう。

次ページから写真で詳しく

セッティング
- 1 お湯を沸かす
- 2 コーヒー豆（粉）を量る
- 3 豆を挽く
- 4 フィルターをセット
- 5 器具を温める
- 6 粉をセットする

1湯目
- 7 お湯を注ぐ
- 8 蒸らす
- 9 撹拌する

2湯目
- 10 お湯を注ぐ

3湯目
- 11 お湯を注ぐ

4湯目
- 12 お湯を注ぐ
- 13 撹拌する

ここではお湯200g、
コーヒー16gで抽出

時間	湯数	スケールのお湯の量	注ぐお湯の量
スタート	1湯目	40g	40g
1:00	2湯目	80g	40g
1:30	3湯目	120g	40g
2:00	4湯目	200g	80g

《セッティング》

STEP 1 お湯を沸かす

湯温は
98℃前後に

ドリップケトルでお湯を沸かす。ドリップケトルを持っていなければ、ヤカンなどでもOK。沸騰させてから少し待ち、98℃前後にしよう。温度計があれば測るとよい。

STEP 2 コーヒー豆（粉）を量る

抽出したい量にあわせ、お湯：コーヒー豆（粉）＝100：8となるように量る。ここではお湯200g、コーヒー16gで抽出していく。

Check● コーヒースプーンより スケールで量る

コーヒー豆（粉）は、スケールで重さを量ってほしい。コーヒースプーンはオススメしない。というのも、コーヒー豆1粒あたりの密度は焙煎度合いによって変わるからだ。深煎りは浅煎りに比べて焙煎時間が長いため、豆に含まれる水分量が少なくなり、軽くなる。そのため、スプーンで同じ量をすくっても重さは変わる。

POINT 

お湯は沸騰させてから、少し冷まして98℃前後に

POINT 2

コーヒーの重さはスケールできっちり量る

POINT 3

粉は粗めに挽く

16g
きっちり

抽出するたびにお湯とコーヒーの重量割合が変わると、味わいは毎回変わってしまう。目分量ではなく、きっちり量ろう。

浅煎り

深煎り

焙煎度合いにより
密度は異なる

STEP 3 豆を挽く

粗めが
オススメ

粉の挽き目が粗いか、細かいかは味に大いに影響する。ここでは粒が大きい「粗め」がオススメ。スッキリとした味わいになり、初心者も抽出しやすい。ミルを持っている場合は抽出直前に挽こう。豆を買う際にお店で挽いてもらうのもいい。

セッティング

1 お湯を沸かす
2 コーヒー豆（粉）を量る
3 豆を挽く
4 フィルターをセット
5 器具を温める
6 粉をセットする

1湯目

7 お湯を注ぐ
8 蒸らす
9 攪拌する

2湯目

10 お湯を注ぐ

3湯目

11 お湯を注ぐ

4湯目

12 お湯を注ぐ
13 攪拌する

ここではお湯200g、
コーヒー16gで抽出

時間	湯数	スケールのお湯の量	注ぐお湯の量
スタート	1湯目	40g	40g
1:00	2湯目	80g	40g
1:30	3湯目	120g	40g
2:00	4湯目	200g	80g

《セッティング》

STEP 4 フィルターをセット

ドリッパーにペーパーフィルターをセットする。フィルターがドリッパーから浮かないよう、指で押し付けよう。なお、フィルターは折り目に沿って折るよりも、少し深めに折った方がドリッパーにフィットしやすい。

STEP 5 器具を温める

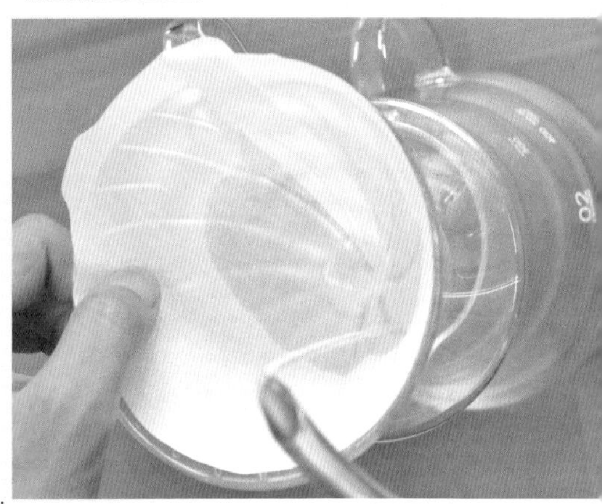

お湯の熱がドリッパーに奪われないよう、抽出前に器具をよく温めることが大切。フィルター全体にお湯をかけよう。

POINT 

フィルターはドリッパーから浮かないようにセット

POINT 2

抽出する前に器具をよく温める

POINT 3

粉は平らになるようにセットする

サーバーも
よく温める

ドリッパーに
2度お湯をかけよう

サーバーにお湯が落ちたら、回転させてサーバーもよく温める。お湯はもう1度ドリッパーにかけてシンクに流すとよい。しっかりと温めることが成分を十分に引き出すコツ。

STEP 6 粉をセットする

側面を
軽くトントン

粉をドリッパーにセットする。少しずつ移し、ドリッパーを軽く揺すったり、側面を軽くたたいたりして、粉の表面がデコボコせずにフラットになるように。これで、セッティングは完了だ。

セッティング						1湯目			2湯目	3湯目	4湯目	
1 お湯を沸かす	2 コーヒー豆（粉）を量る	3 豆を挽く	4 フィルターをセット	5 器具を温める	6 粉をセットする	7 お湯を注ぐ	8 蒸らす	9 撹拌する	10 お湯を注ぐ	11 お湯を注ぐ	12 お湯を注ぐ	13 撹拌する

ここではお湯200g、
コーヒー16gで抽出

時間	湯数	スケールのお湯の量	注ぐお湯の量
スタート	1湯目	40g	40g
1:00	2湯目	80g	40g
1:30	3湯目	120g	40g
2:00	4湯目	200g	80g

《1湯目》

STEP 7 スタートを押して抽出開始。1湯目を注ぐ

スケールの「スタート」ボタンを押して、お湯を注ぎ始める。ここでは、左側に時間、右側に重量が表示されるコーヒー用スケールを使っている。

1湯目はゆっくり、粉全体にお湯をかけよう。ここでムラがあると、十分に成分を引き出せない粉が出てしまい、抽出不足になってしまう。注ぐお湯の量は全体の20%。ここでは200g抽出するので40g注ぐ。

Check ● お湯は細く

まんべんなく粉にお湯をかけることができるよう、お湯はなるべく細くしよう。

POINT 1

1湯目はなるべくゆっくり注ぐ

POINT 

蒸らしはじっくり、1分かける

POINT 3

ドリッパーを攪拌し、お湯と粉を十分に接触させる

STEP 8 蒸らす

お湯を注ぐとコーヒーに含まれている二酸化炭素が出てくるため、粉は膨らんでくる。スケールが1分を示すまでじっくり蒸らそう。

Check ● じっくり蒸らす

蒸らしは、コーヒーの準備体操のようなもの。粉にお湯を浸透させ、粉に含まれる二酸化炭素を十分に放出させることで、酸味や苦味などの成分を引き出しやすくなる。

STEP 9 攪拌する

攪拌中も蒸らしが進む

お湯が落ちきってから次のお湯を注ぐ

お湯を注ぎ終わったら、粉とお湯が十分に接するよう、ドリッパーを水平方向にくるくる回して攪拌しよう。この間、蒸らしが進むので、蒸らしと攪拌は同時に行うことになる。お湯が落ちてきたら手をとめて、スケールが1分になるまで待つ。

セッティング						1湯目			2湯目	3湯目	4湯目	
1 お湯を沸かす	2 コーヒー豆（粉）を量る	3 豆を挽く	4 フィルターをセット	5 器具を温める	6 粉をセットする	7 お湯を注ぐ	8 蒸らす	9 攪拌する	10 お湯を注ぐ	11 お湯を注ぐ	12 お湯を注ぐ	13 攪拌する

ここではお湯200g、
コーヒー16gで抽出

時間	湯数	スケールのお湯の量	注ぐお湯の量
スタート	1湯目	40g	40g
1:00	2湯目	80g	40g
1:30	3湯目	120g	40g
2:00	4湯目	200g	80g

《2湯目》

STEP 10 抽出開始後1分になったら2湯目を注ぐ

スケールが1分になったら、2湯目スタート。

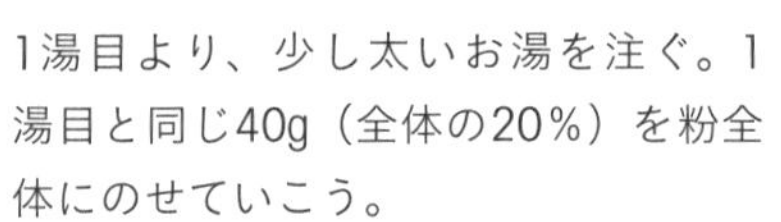

1湯目より、少し太いお湯を注ぐ。1湯目と同じ40g（全体の20%）を粉全体にのせていこう。

POINT 

抽出時間、お湯の重量をきちんと計測する

POINT 2

2、3湯目のお湯はやや太めに注ぐ

POINT 

粉の上にまんべんなくお湯を注ぐ

《3湯目》

STEP 11 抽出開始後1分半になったら3湯目を注ぐ

スケールが1分30秒になったら、3湯目スタート。

2湯目と同様に少し太いお湯40g（全体の20％）を粉全体にのせていこう。

セッティング						1湯目			2湯目	3湯目	4湯目	
1 お湯を沸かす	2 コーヒー豆（粉）を量る	3 豆を挽く	4 フィルターをセット	5 器具を温める	6 粉をセットする	7 お湯を注ぐ	8 蒸らす	9 撹拌する	10 お湯を注ぐ	11 お湯を注ぐ	12 お湯を注ぐ	13 撹拌する

ここではお湯200g、
コーヒー16gで抽出

時間	湯数	スケールのお湯の量	注ぐお湯の量
スタート	1湯目	40g	40g
1:00	2湯目	80g	40g
1:30	3湯目	120g	40g
2:00	4湯目	200g	80g

《4湯目》

STEP 12 抽出開始後2分になったら4湯目を注ぐ

スケールが2分になったら、ラスト4湯目スタート。

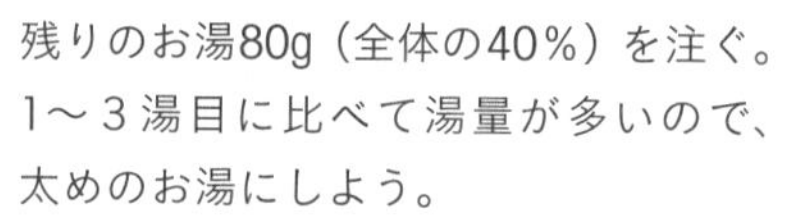

残りのお湯80g（全体の40%）を注ぐ。1～3湯目に比べて湯量が多いので、太めのお湯にしよう。

POINT 1

お湯を注ぎ終わったらよく攪拌する

POINT 2

攪拌後、お湯が落ちきるまで待つ

POINT 3

抽出後のドリッパーの粉の高さはフラットに

STEP 13 攪拌する

少しお湯を
落としてから

お湯が少し落ちたら、1湯目と同様にドリッパーを水平方向に回転して攪拌する。1湯目より湯量が多いので、ぐるぐる勢いよく回し、お湯と粉を十分に接触させよう。

完成！

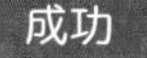

成功

失敗

しばらく待ち、ドリッパーからお湯が落ちてこなくなったら完成だ。うまくドリップできると、お湯が落ちきった後の粉の高さはフラットになる。お湯に触れなかった粉がある場合、真ん中がへこんで「土手」ができてしまう。

まずはこれをおさえたい

井崎流ハンドドリップ術7箇条

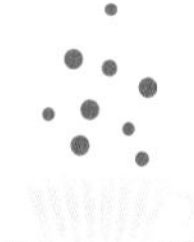

イラストと写真で紹介してきた井崎流ハンドドリップ術のポイントをおさらいする。とりわけ重要なこの7箇条をおさえれば、酸味や甘み、香りを十分に引き出し、かつスッキリとしてえぐみのないコーヒーを淹れられるはずだ。

1 豆の重量をきちんと量る

抽出したい量にあわせ、お湯：コーヒー豆（粉）＝100：8になるよう、きちんとスケールで量るべし。目分量は絶対にやめよう。

豆は粗めに挽く

ミルを使って粗めに挽く、あるいは店で中粗挽きにしてもらうべし。「中挽き」をすすめる店もあるが、初心者向きなのは粗め。

ドリッパー、ペーパーをよく温める

抽出する前にドリッパーをよく温めてから抽出するべし。特に冬場は重要。ドリッパーが冷えているとお湯の熱が奪われてしまう。

抽出時間をきちんと計る

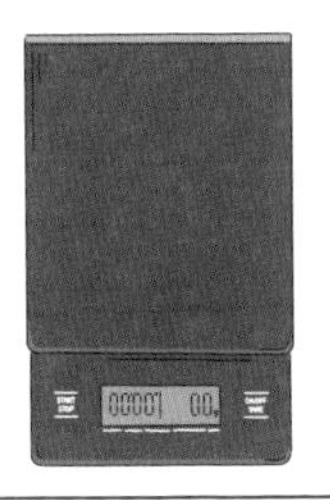

豆の重量と同様、抽出時間もスケールやキッチンタイマー、スマートフォンなどで計るべし。感覚に頼るとブレてしまう。

十分に蒸らす

1分かけて、じっくり蒸らすべし。「30秒」をすすめる店も多いが、もう少し待った方が美味しい成分を十分に引き出すことができる。

ドリッパーを回して攪拌

1湯目、4湯目を注いだ後はドリッパーを回して攪拌するべし。粉とお湯を十分に接触させ、全ての粉から成分を引き出すイメージを持とう。

ドリッパーに残った粉がフラットになるように

抽出後の粉の高さが一定になるように抽出するべし。十分にお湯と粉が接触していないと、粉の中心がへこんで「土手」状になってしまう。

簡単で美味しい

アイスコーヒーの抽出レシピ

夏場はもちろん、スッキリしたい時はアイスコーヒーでノドを潤すのもいい。

アイスコーヒーの抽出方法は、ホットより濃い目に淹れたり、水出ししたり、が定番。ただ、濃度を調整して抽出するのは手間がかかるし、水出しは長時間抽出するためにコーヒーのフレーバーが飛びやすい。

ここでは、ホットの抽出方法をアレンジするだけの、手軽で美味しい抽出レシピを紹介する。

ホット→アイスの変更ポイント

① 抽出したい総量のうち、60%をお湯、40%を氷に

② 4湯→3湯にし、2湯目と3湯目の間隔をあける

お湯200g、粉16gのレシピ

時間	ホット	アイス
スタート	40g注ぐ	24g注ぐ
1:00	計80g（40g注ぐ）	計48g（24g注ぐ）
1:30	計120g（40g注ぐ）	—
2:00	計200g（80g注ぐ）	計120g（72g注ぐ）
氷	—	80g

← 120g+80g=200g

抽出する総量、粉の重量は変更しない。ポイントは、ホットの湯量の40%を氷にしてあらかじめドリッパーにセットし、残り60%のお湯を注ぐこと。200gのアイスコーヒーをつくる場合、80g（200g×0.40＝80g）の氷を最初にサーバーに入れる。

注ぐお湯は120g（200g－80g＝120g）で、ホットより1回少ない3回にする。1、2湯目は注ぐ湯量の20%の24g（120g×0.20＝24g）ずつ。3湯目は残り72g（120g－24g×2＝72g）だ。1、3湯目を注いだ後は攪拌しよう。

注湯回数が減る分、2湯目と3湯目を注ぐ時間はホットより長めにする。ただ、総抽出時間はホットと同じ。

アイスコーヒー抽出のコツ

ホットで淹れる際と同様にお湯を注いでいこう。ただ、ホットが４回に分けてお湯を注ぐのに対し、アイスは湯量が少ないので３回に減らす。アイスでも蒸らしは1分かけ、ラスト３湯目はホットのラストと同じ２分後に。

攪拌する

アイスでも、粉とお湯を十分に接触させることが大切。1、３湯目を注いだ後は、ドリッパーをくるくる回すのもお忘れなく。

アイスコーヒーもホットのレシピのアレンジで
簡単に、美味しく抽出できる。
気分によってホット、アイスを選んでみては？

こんな時、どうすればいい？

ハンドドリップ Q＆A

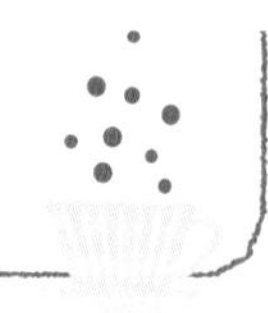

Q1

昨日は美味しかったのに今日はイマイチ……

A 抽出レシピを固定し、繰り返し抽出しよう！

まず守ってほしいのは、レシピを固定すること。毎回、同じレシピで抽出しているだろうか。豆やお湯の量が目分量だったり、抽出時間を勘に頼ったりと、抽出条件が変わっていないだろうか。コーヒーは抽出条件によって味が変わるため、レシピの固定が「基本の基」だ。

それでも日によって味が変わるとしたら、最初はある程度は仕方ない。諦めず、繰り返しあるのみ！ ドリップは人の手で行うので、どうしても技術によって味に差は出る。ただ、だからこそ面白く、奥深いともいえる。最初からいつもブレずにうまく抽出できる人はいない。素敵なお店のあのバリスタだって、繰り返し練習をして技術を身につけたはず。

とはいえ、このレシピは非常にシンプル。続けていれば、必ず腕は上がるはず。「味の違いを楽しみながらうまくなれればいいか」くらいの気持ちで、気楽に。

Q2

1湯目を注ぎ終わってもモコモコ膨らまない……

A 必ずしも「膨らむ＝美味しい」ではない。それほど気にしないように

深煎り 細挽き

浅煎り 粗挽き

蒸らしの時にモコモコ膨らむコーヒーの粉。いかにも美味しそうなビジュアルで、うまくいくとテンションが上がるかも。でも、膨らむことと美味しいコーヒーに仕上がることは、必ずしもイコールではない。

コーヒーの粉が膨らむのは、粉の中の二酸化炭素が出てくるから。コーヒーは焙煎後、少しずつ二酸化炭素を放出し始め、お湯をかけると放出は促進される。新鮮な豆だと二酸化炭素が多いためによく膨らみ、古くなるとあまり膨らまなくなる。そのため、新鮮な豆は膨らみやすく、美味しくなるケースも多い。

ただ二酸化炭素の放出量は、焙煎度合いや挽き目によっても変わる。浅煎りは、豆に含まれる二酸化炭素が少なく、膨らみづらい。深煎りは二酸化炭素の含有量が多くなり、膨らみやすい。また、細挽きだと粉の表面積が大きくなるために膨らみやすくなる。一方で粗挽きは粉の表面積が小さいため、細挽きに比べて膨らみにくい。

この章で紹介したレシピは粗挽き。挽き目を変えたために「これまでよりも膨らまなくなった」と思う人もいるかもしれないが、気にしなくてOK。

美味しく抽出するために重要なのは、全ての粉にお湯を浸透させ、十分に蒸らすこと。1湯目は膨むかどうかより、まんべんなく粉にお湯をかけることを意識しよう。

Q3

お湯が全然落ちてこない……

A もう少しコーヒー豆を粗く挽こう

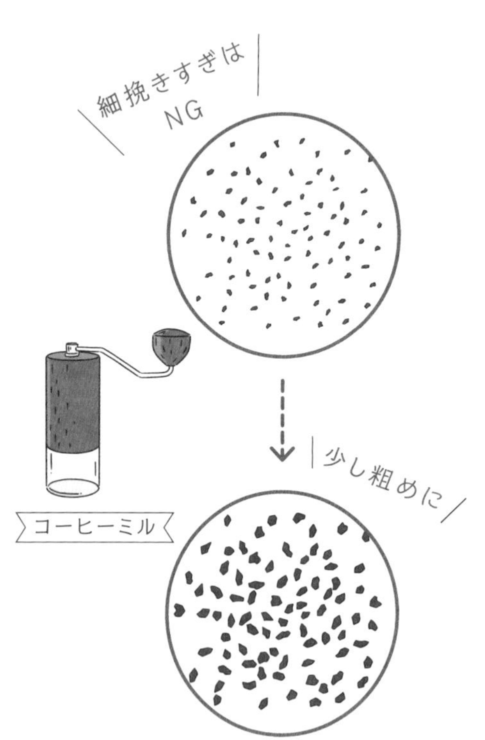

挽き目が細かすぎる可能性が大きい。粉の粒が小さすぎると、ドリッパーの中で粉が目詰まりしてしまい、お湯の通りが遅くなる。もう少し粗めに挽くとよいだろう。

「粗く挽いているのにお湯が落ちていない」という人は、使っているコーヒーミルのせいかもしれない。粗挽きにしているつもりが、大量の微粉を発生させてしまい、微粉がドリッパーを目詰まりさせていることが考えられる。ミルの刃は使っているうちに磨耗し、微粉が出やすくなる。もしかしたら、長年の使用で刃が磨耗しているのかもしれない。

買ったばかりのミルでこのような状況が起きている場合は、ミルの性能があまりよくないためであろう。

まずはミルの手入れをし、それでも改善しなければ、思い切って高性能のミルを購入してはいかが。あるいは、お店で挽いてもらうとよい。

Q4

お湯が早く落ちてしまい、攪拌できない……

A もうウ少しコーヒー豆を細かく挽こう

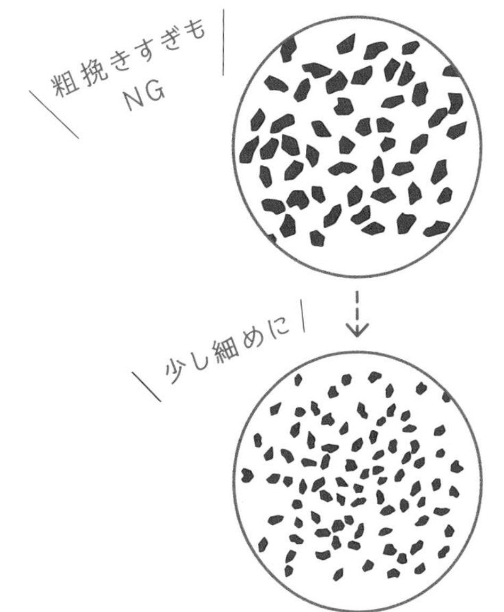

Ｑ３とは逆に、挽き目が粗すぎるのかもしれない。粉のサイズが大きいと、表面積が小さくなるため、お湯は早く通り抜けていく。そのため、湯通りが早すぎるのではないだろうか。もう少し細かく挽こう。

Ｑ３、Ｑ４では、粉の挽き目とお湯の通りにフォーカスしたが、挽き目は味を決める大きな要素なので、第５章（P164～）で詳しく紹介する。抽出したコーヒーの味が「ちょっと物足りない」と思ったら少し細かく挽き、「ちょっと濃い」と思ったら少し粗く挽いて、好みの味になるまで何度でも調整しよう！

基本のドリップ術はマスターできたかな？
まずは、きちんとレシピを守ろう！
その上で大切なのはコーヒーを楽しみ、抽出を楽しむこと！
そうすれば自然に腕前は上がっていくだろう。
抽出についてさらに詳しく知りたくなったら
第４章や、第５章へ！

コーヒー豆・粉の保存方法

3つの「敵」をブロックしよう

コーヒーは生鮮食品だ。スーパーなどでは常温の棚に置かれていることが多く、あまり意識したことがないかもしれないが、保存状態が悪いと品質はどんどん劣化していく。

そのため、適切な方法、場所で保存することが大切だ。とりわけ気をつけたいのは、酸素、光、熱の３つの「敵」。これらにさらされると、酸化したり、揮発性の香りやアロマなどが飛んだりしてしまう。３つの敵を遠ざけるように保存しよう。

コーヒーの３つの敵

酸素

酸素に触れるとコーヒーは酸化し、品質は落ちていく。酸化により、イヤな酸っぱさが発生してしまうことも多い。

光

光があたると香りや風味が落ちる。コーヒーは紫外線に弱いので、太陽光、蛍光灯ともにブロックしたい。

熱

熱を受けると、揮発性の香りやアロマが抜けていく。酸化を促進する要因でもある。夏場は特に気をつけたい。

酸素と光から
コーヒーを守るために

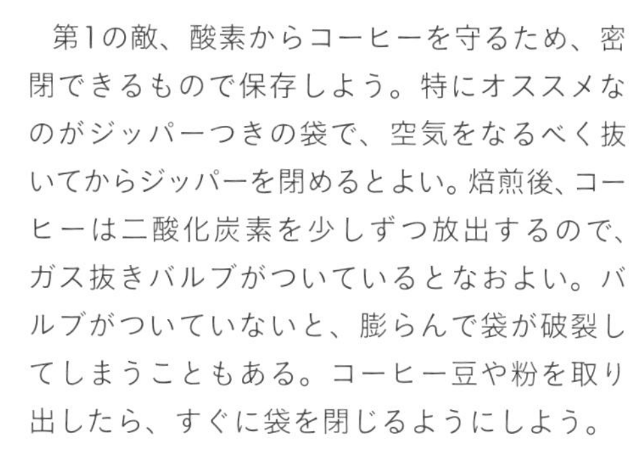

第1の敵、酸素からコーヒーを守るため、密閉できるもので保存しよう。特にオススメなのがジッパーつきの袋で、空気をなるべく抜いてからジッパーを閉めるとよい。焙煎後、コーヒーは二酸化炭素を少しずつ放出するので、ガス抜きバルブがついているとなおよい。バルブがついていないと、膨らんで袋が破裂してしまうこともある。コーヒー豆や粉を取り出したら、すぐに袋を閉じるようにしよう。

袋が遮光性であれば、第2の敵の光もブロックできる。

ジッパーつき、
遮光性の袋がオススメ

バルブつきだとなおよし

購入時の袋のまま保存しよう

購入したコーヒーを、自宅でガラス容器などに移して保存している人もいるのでは。これも密閉できる保存容器ではあるが、酸素をブロックすることは難しい。というのも、空のガラス容器などは、購入した時にコーヒーが入っている袋に比べて容器内の酸素の濃度が高く、移した瞬間から酸化が始まってしまうからだ。

購入した時にコーヒーが入っていた袋のまま保存する方が、酸化を防ぐことができる。

コーヒー豆・粉の保存場所

冷凍庫がベスト、冷蔵庫がベター

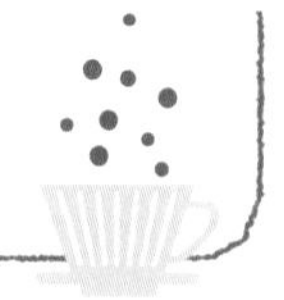

コーヒーが最も美味しいのは、焙煎してから1〜２週間後。焙煎直後の新鮮なものでも、熟成させたものでもない。焙煎直後は豆に含まれる二酸化炭素が多い。1週間程度置いて二酸化炭素をある程度放出させ、豆を落ち着かせた方が抽出時に成分を十分引き出せるようになる。豆を寝かせるプロセスを「エイジング」という。

ただし、焙煎後２週間以上経つと、香りなどが飛んで酸化も進み、品質は劣化していってしまう。

焙煎後２週間以上経ったら、熱からコーヒーを守って品質を保つため、室内に置かずに冷凍庫や冷蔵庫で保存しよう。

コーヒーの飲みごろのイメージ

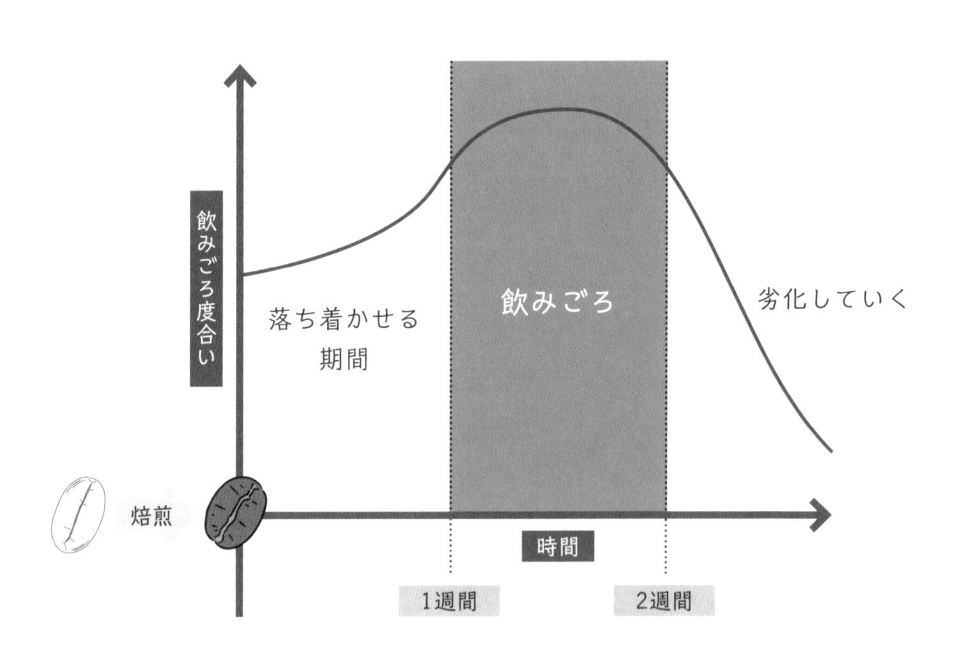

熱からコーヒーを守るために

ベストは冷凍庫保存

1〜2週間で飲みきれる分をこまめに購入できればよいが、気になる豆をついつい買ったり、人からもらったりして、気づけば「在庫がたくさん」ということもあるだろう。そんな時に重要なのが、品質を維持できるようにきちんと保存すること。

常温のまま置いておくと、品質は次第に落ちていく。最もオススメしたい保存場所は冷凍庫。冷凍庫に入れることで、香気成分の揮発や二酸化炭素の放出をおさえ、劣化のスピードを遅らせることができる。

保存容器から使う分だけ取り出したら、素早く冷凍庫に戻そう。

美味しく飲むことができる
保存期間の目安

	豆	粉
冷凍	2カ月	3週間
冷蔵	2週間	10日

ベターは冷蔵庫保存

冷凍庫はいっぱい、家族の理解を得られない、という人もいるだろう。その場合は冷蔵庫に入れよう。常温で保存するより、品質を保持できる。

ただ、冷凍庫や冷蔵庫で保存しても、劣化を止めるわけではなく、劣化のスピードを遅らせるだけだ。また、粉だと表面積が増えるため、豆よりも早く品質は落ちていく。最も長く保存できる「豆を冷凍庫に入れる」でも2カ月以内に飲みきってほしい。保存状況にあわせて、飲みきることができる量を購入するのがオススメだ。

COLUMN 2

ブレンドの味わい深い魅力

ブレンドコーヒーは好き？ 中には「シングルオリジンの方が通っぽい」と思っている人もいるかもしれない。でも、ブレンドは非常に奥深いもの。多くの店がブレンドを提供し、店の名を冠した「〇〇ブレンド」も少なくない。「店の顔」ともいえる存在だ。各ショップはお店の特徴を出せるよう、客によって異なる幅広い好みに応えられるよう、試行錯誤してブレンドをつくっているのだ。

とはいえ、単体では出しにくい、品質があまりよくない豆を使っている店もある。ブレンドには、その店のコーヒーへの姿勢が現れるという見方もできる。

ブレンド　バランスがとれた味わい

文字通り、複数の豆を混ぜあわせたコーヒー。シングルオリジンで酸味、苦味、甘み、香りのバランスを調整するのは難しいが、混ぜあわせることによって味の可能性が広がる。

シングルオリジン　豆の個性をストレートに味わえる

1つの産地や地域、農園で栽培されたコーヒー。豆の個性をストレートに楽しめる。とはいえ、複数の農園で栽培された豆、複数の品種を混合しているケースもある。

ブレンドをつくる方法には、「プレミックス」と「アフターミックス」の2通りある。異なる産地や品種のコーヒー豆を焙煎の前（プレ）にミックスするか、後（アフター）にミックスするか、という違いがある。

プレミックス

豆を混ぜてから焙煎

豆を最初に混ぜ、全部の豆を同時に焙煎する方法。ただ、豆によって硬さや大きさが異なるため、あるものは焙煎しすぎで、別のものは生焼け、という状態になる可能性もある。

アフターミックス

豆を焙煎してから混ぜる

個々に豆を焙煎してから混ぜる方法。それぞれの個性を見極め、豆ごとに焙煎する時間を調整できる。プレミックスより手間がかかるが、その分、素材の持ち味を最大限に引き出すことができる。

ブレンドのここが魅力！

❶ 味のバランスがよい

シングルオリジンの魅力は、それぞれのコーヒーの個性を楽しめること。一方で、ブレンドすることにより味のバランスを整えることができる。また、焙煎度合いの異なる豆をあわせることができ、浅煎りの豆で酸味を、深煎りの豆で苦味を……と組みあわせは無限大だ。

❷ 淹れるたびに異なる味を楽しめる

複数の豆を混ぜあわせているため、抽出のたびに豆の配合割合はわずかに変わる。そのため日々、微妙に異なる味わいを楽しめる。

❸ リーズナブルな価格

店にもよるが、ブレンドはシングルオリジンよりリーズナブルであることが多い。比較的お財布に優しいのも嬉しいポイント。

第3章

こだわりの店でオーダーするために

一杯のコーヒーが消費者の口に届くまでに
コーヒーは長い旅を経てきている。
どのような道を辿ったかにより、味わいは変わる。
それぞれの道の特徴を知ることで
コーヒーの魅力をより楽しめるようになる。

NATSUME COFFEE
NATSUME COFFEE
いらっしゃいませ
全然わからない…
エルサルバドルCOE入賞
パカマラ
ウォッシュド
シティロースト
ケニアAA
SL28、ルイル11
パナマ
ゲイシャ
ナチュラル
ハイロースト
インドネシア
マンデリン
スマトラ式
ご注文はお決まりですか？
まだ悩んでいます…オススメありますか？
本日のオススメはフルーティーな酸味が特徴的なケニアの浅煎りと
ボディ感があって苦味も感じられるグアテマラの…
いかがします？
…
の、飲みやすいものください

お待たせしました
うん、美味しい
この味、どう表現したらいいんだろう……
モヤモヤする…
今日はどうしようかな
ん？
フルーティーで甘みもあるコーヒーください
自分の好みを注文できたらいいなあ
メニューも読めるようになりたい

コーヒーの個性や特徴をおさえて メニューを読み解こう

こだわりのコーヒー店では、メニューでコーヒーの情報を詳しく紹介していることが多い。ここで、冒頭（P11）のメニューを見てみよう。生産国や焙煎度合いなど、第1章で紹介した情報に加え、農園名や標高などの詳細な生産地情報、品評会での評価なども記載されている。メニューの意味を理解し、オーダーできるようになろう。

美味しいコーヒーのキーワード

スペシャルティコーヒー

第1章（P20）で、コーヒーにはランクがあり、スペシャルティコーヒーがトップだと紹介した。スペシャルティコーヒーは近年のコーヒー業界で重要視され、提供する店も増えているため、詳しく見ていこう。

スペシャルティコーヒーとは、簡潔にいえば「個性的な風味、味わいのある高品質のコーヒー」。規格や認証はなく、概念的なものだ。そのため、店によって異なるニュアンスでこの言葉を使っていることがある。

とはいえ、コーヒー関係者に共通するイメージの大枠はある。「日本スペシャルティコーヒー協会（SCAJ）」という、スペシャルティコーヒーを扱う多くの企業や個人が加盟している団体がある。SCAJは、コーヒーの品質を個人の好みではなく、客観的に捉えるため、風味や味わいによるスペシャルティコーヒーの定義を設けている。

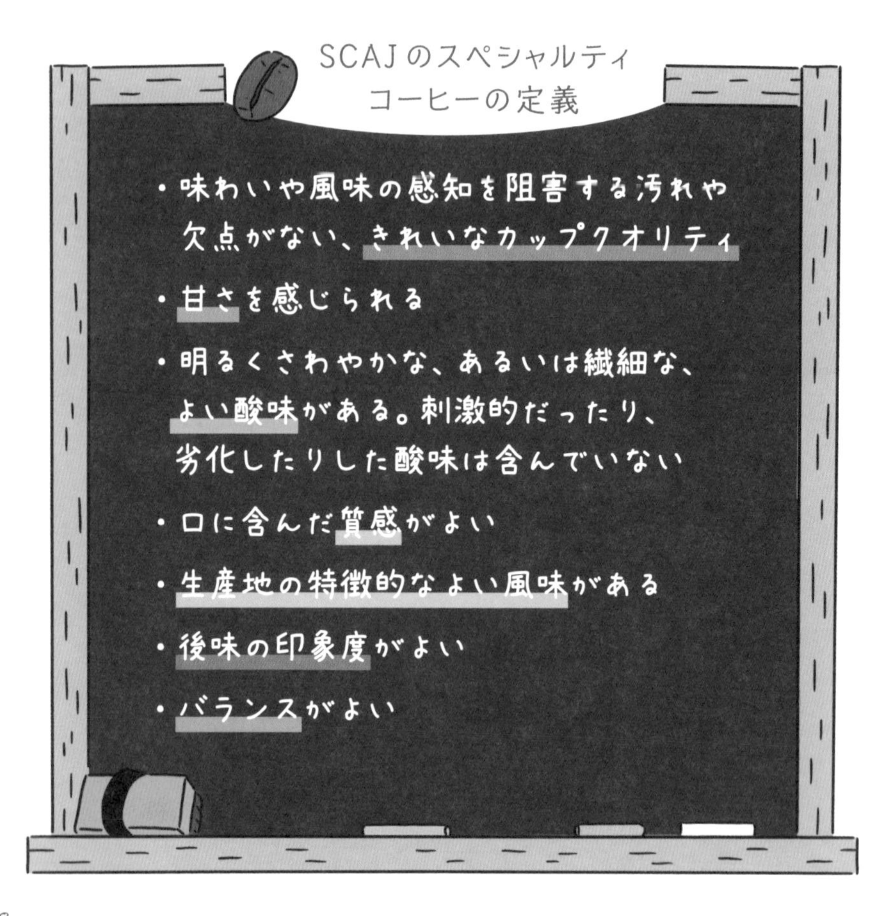

スペシャルティコーヒーのキーワード

きれいなカップクオリティ

高品質のコーヒーは、味わいに透明感がある。雑味やえぐみは、コーヒーの個性を感じる上で邪魔になる。

質感

なめらかなものも重厚なものもあるが、強さではなく、口に含んだ時の印象がよいことが大切。

甘さ

真摯に栽培され、生産処理などの工程が適切に行われたコーヒーには、フルーツならではの甘みがある。

生産地の特徴的なよい風味

フレーバーの種類や強弱、ボディ感などは生産地によって異なり、生産地ごとに風味の特徴がある。

よい酸味

コーヒーはフルーツからつくられる。そのため、完熟したものを選んで収穫し、生産処理や焙煎などがきちんと行われることで、さわやかだったり繊細だったりするよい酸味が生まれる。よい酸味を含むことは、スペシャルティコーヒーに欠かせない要素の1つ。

後味の印象度

質の高いコーヒーは口に含んだ後、余韻を残しながら消えていく。

バランス

高品質のコーヒーは総合的なバランスが取れており、飲んでいて心地よく、味わいに奥行きを感じられる。

スペシャルティ？　スペシャリティ？

「スペシャリティコーヒー」という表記を見たことはないだろうか。店によって、スペシャ「ル」ティだったり、スペシャ「リ」ティだったりするのは、なぜだろう？

これは、「specialty（スペシャルティ）」が主にアメリカ英語、「speciality（スペシャリティ）」が主にイギリス英語のためだ。SCAJのようなアメリカの団体は「アメリカスペシャルティコーヒー協会」で、ヨーロッパの団体は「ヨーロッパスペシャリティコーヒー協会」という。

日本では高品質のコーヒーを扱う多くの店や個人がSCAJに加盟しており、「スペシャルティ」との表記が一般的なので、この本では「スペシャルティ」と表記する。

コーヒーの旅

フロム・シード・トゥ・カップ

コーヒーは消費者の口に入るまでに、さまざまな過程を経てきている。スペシャルティコーヒーでは味わいに加え、これらの過程のいずれにおいても徹底した品質管理がされていることが求められる。

これを表しているのが、「From Seed to Cup（フロム・シード・トゥ・カップ）」という言葉だ。生産地のシード（タネ）から味わうカップに至るまで、全段階できちんとした体制で作業され、品質管理が徹底されていることが重要、という考え方をさす。

では、シードからカップに至るまでのコーヒーの旅を辿っていこう。

栽培 → 収穫 → 生産処理 → 選別 → カッピング

❶ 栽培

コーヒーノキは、種子を植えてから3〜5年程度でコーヒーチェリーを収穫できるようになる。苗木で50cmほどに育ててから畑に植えるのが一般的。乾期が終わって雨が降ると白い花が咲き、緑色の実をつける。花粉が風に運ばれて受粉することが多く、昆虫による受粉は少ない。

② 収穫

緑色の実は6～8カ月すると熟して赤くなる。黄色やオレンジになる品種もある。美味しいコーヒーに仕上げるためには、完熟したコーヒーチェリーだけを選んで収穫することが大切。熟度を見分けて1粒ずつ丁寧に手摘みしなければならないが、手間は品質に反映される。大規模農園では機械収穫も行われている。

出荷・輸送 → 焙煎 → ハンドピック → 粉砕 → 抽出

③ 生産処理

収穫したコーヒーチェリーはそのままにしておくと、他の果物と同様に、次第に果肉部分が枯れたり、腐ったりしていく。収穫後すぐにコーヒーチェリーからタネだけを取り出し、乾燥させるなどして生豆にする必要がある。この工程を生産処理といい、方法によってコーヒーの味わいは変わる。

④ 選別

生豆から欠点豆、小石や枝などの異物を取り除く。欠点豆には、完熟していないもの、欠けたもの、虫に食われたものなどがあり、味わいを損ねる原因になる。ただ、ここではじかれたものが、業務用コーヒーに回されることもある。人の手で行うハンドピックが伝統的だが、機械化も進んでいる。選別後、重量や粒の大きさを揃える。

START

栽培 → 収穫 → 生産処理 → 選別 → カッピング

⑤ カッピング

ワインのテイスティングのようなもので、コーヒーを口に含んで品質をチェックし、味わいを評価する（詳しくは第５章P180～）。カッピングは生豆のバイヤーやバリスタなども行うが、ここでは農園や工場で出荷前の品質チェックとして、欠点がないかどうかなどを確認する。

❻ 出荷・輸送

日本には、生豆の状態で麻袋に詰められ、船で輸送されてくるケースが多い。ただ、赤道近くを長時間かけて運ばれると品質は落ちてしまう。劣化を防ぐため、麻袋の内側にプラスチック製の袋「グレインプロ」をつけて二重に梱包したり、真空パックを使ったりするケースもある。冷蔵コンテナで輸送されることもある。

出荷・輸送 → 焙煎 → ハンドピック → 粉砕 → 抽出

GOAL

❼ 焙煎

こうして、コーヒー豆は日本に到着。ここからは味づくりに移る。焙煎は、酸味や苦味のバランスを決める。コーヒーショップでは、豆の個性や特徴を最大限引き出せるよう、豆ごとに焙煎度合いを調整している。同じ生豆でも、店によって風味が異なることがあり、それは焙煎によるところが大きい。

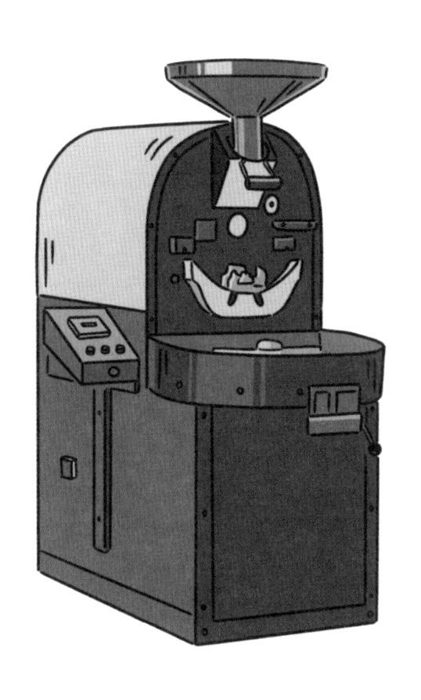

❽ ハンドピック

出荷前の選別で欠点豆や異物を除去しきれていないことがある上、保管中や輸送中に虫に食われることもある。欠点豆は1粒混じるだけで、味わいを台無しにしてしまう可能性もある。美味しいコーヒーを淹れるためには、コーヒー提供前のこの一手間が重要。

START

栽培 ＞ 収穫 ＞ 生産処理 ＞ 選別 ＞ カッピング

❾ 粉砕

抽出前の最後の作業で、コーヒー豆を挽いて粉にする。粉砕に用いるコーヒーミルには、手回しタイプ、電動タイプがある。粉の挽き目は、コーヒーの味わいに与える影響が非常に大きい。また、粉にすると表面積が増えて酸化しやすくなり、香りも飛びやすくなるため、抽出直前に挽くのが望ましい。

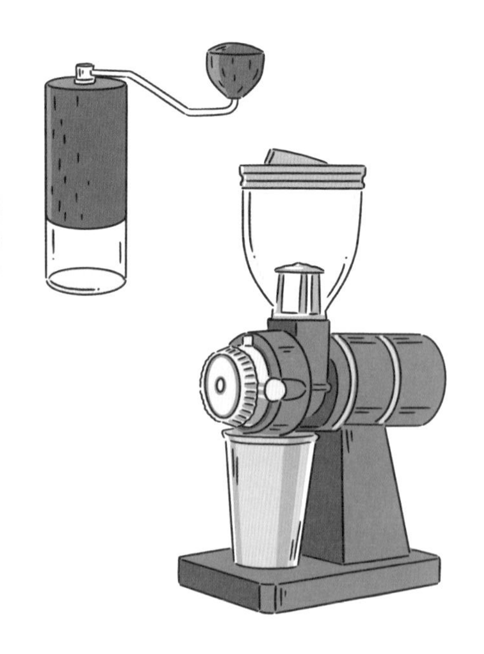

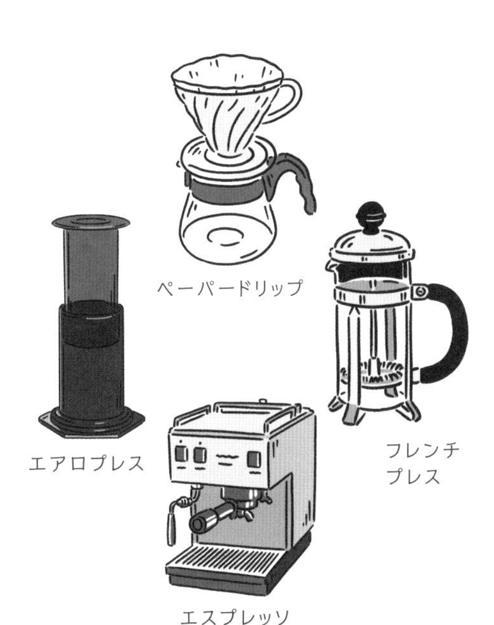

⑩ 抽出

いよいよ最終工程。ここまで多くの人が手間暇かけてきたコーヒーのよさを十分に引き出し、美味しく味わうため、きちんと抽出したい。ここで失敗すると、せっかくのコーヒーが残念なことになってしまう。同じ豆を使っても、抽出方法によって味わいは変わる。

出荷・輸送 → 焙煎 → ハンドピック → 粉砕 → 抽出

GOAL

完成！

多くの人によるリレーのゴール
美味しくいただきたい

1本の樹は何杯分のコーヒー？

1本のコーヒーノキは、何杯分のコーヒーに相当するのだろう？ コーヒーノキ1本から収穫できるコーヒーチェリーは、品種にもよるが3kg前後。これを生産処理して選別するとおよそ500gの生豆になり、焙煎すると水分が飛ぶため約400gのコーヒー豆になる。

1杯あたり16g使うとすると、25杯。毎日1杯飲む人だと、1カ月弱分だ。

日光や雨が欠かせない

美味しい産地の条件

美味しいコーヒーを栽培するためには、適した気候がある。欠かせない気候条件に、気温、日射量、雨、昼夜の寒暖の差が挙げられる。これらの条件を満たすコーヒー栽培の適地は北緯25°～南緯25°に集中しており、この地帯は「コーヒーベルト」と呼ばれる。

南米のブラジル、アフリカのエチオピアなど、人気産地はコーヒーベルトに集中しており、山の斜面や高原などで栽培されている。

適度な日射量

コーヒーも多くの農作物と同様、適度な日射量は欠かせない。ただ、直射日光が当たりすぎてもよくないため、コーヒーノキよりも高い木をシェードツリーとして植えて、日陰をつくることが多い。

標高1000～2000m

味わいがよくなるためには、実がゆっくり熟すことが望ましい。そのためには昼夜の寒暖の差が必要。昼夜の寒暖の差は、標高が高い高地で生じる。品評会では、標高が高い方が高評価を受ける傾向にある。とはいえ赤道から離れると、より標高が低い地域でも栽培できる。

気温20～25℃

コーヒーがよく育つ気温は20～25℃程度。気温が高すぎると、実をつけるのが早すぎたり、さび病が発生しやすくなったりする。逆に低すぎると実が小さくなったり、収穫量が落ちたりする。

雨季がある

コーヒーの栽培には、年間1500～2000mmの降雨量が欠かせず、雨季があることが重要。干ばつになったり、雨季がずれたりすると、生産量に影響する。

国によって収穫時期は異なる

コーヒーチェリーの収穫時期は国によって異なる。コーヒーノキは降雨後に花を咲かせるため、雨季や乾季の時期によって異なるからだ。また雨季が年に1回の国では開花や収穫も年1回だが、ケニアなど雨季が年に2回ある国では2回収穫できる。

地域	国名	収穫時期											
		1月	2月	3月	4月	5月	6月	7月	8月	9月	10月	11月	12月
中南米	ブラジル					■	■	■	■				
	グアテマラ	■	■	■	■					■	■	■	■
	エルサルバドル	■	■	■	■					■	■	■	■
	コスタリカ	■	■	■								■	■
	コロンビア	■			■	■	■				■	■	■
	パナマ	■	■	■						■	■	■	■
アフリカ	エチオピア	■	■									■	■
	ケニア					■	■	■		■	■	■	■
	ルワンダ			■	■	■	■	■					
東南アジア	インドネシア	■	■	■							■	■	■

産地が集まる

コーヒーベルト

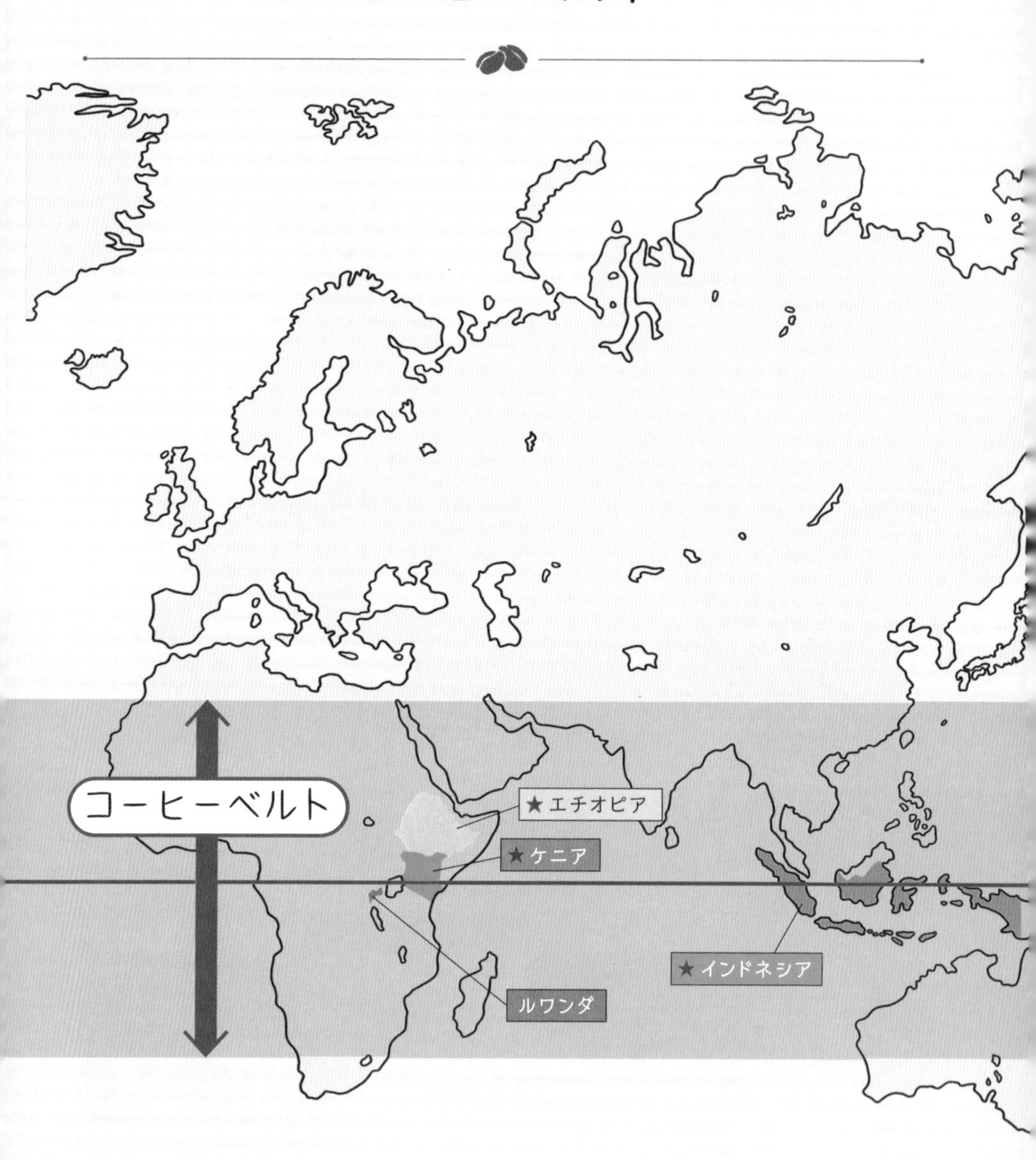

赤道をはさむ北緯25°〜南緯25°のエリアは、「コーヒーベルト」と呼ばれるコーヒー栽培の適地。気候条件に恵まれ、多くの生産国が集まっている。日本はコーヒーベルトから外れており、生産量は少ない。日本で消費されるコーヒーの多くは、コーヒーベルトにある国から輸入されている。

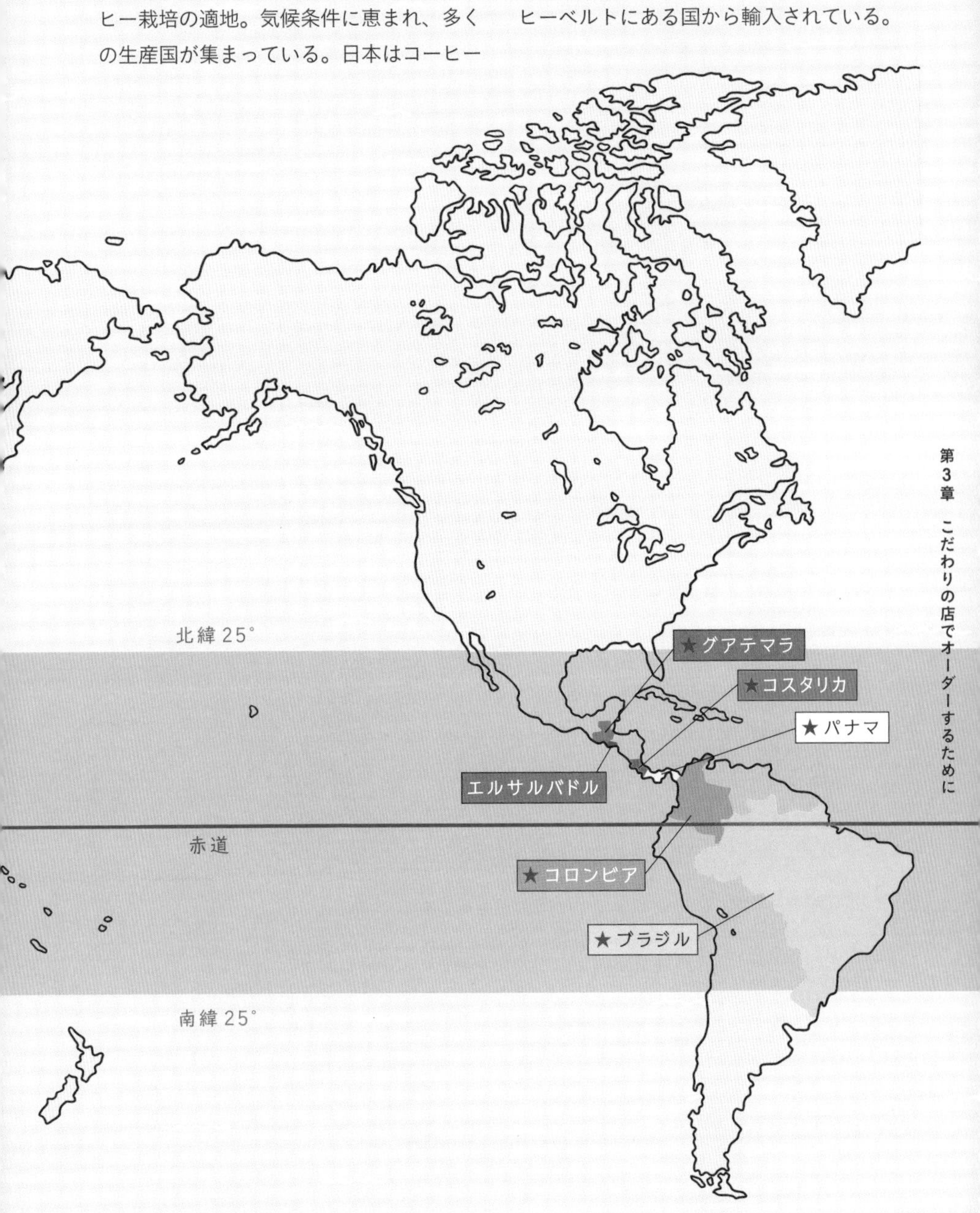

次ページから
★の国を紹介する

ブラジル

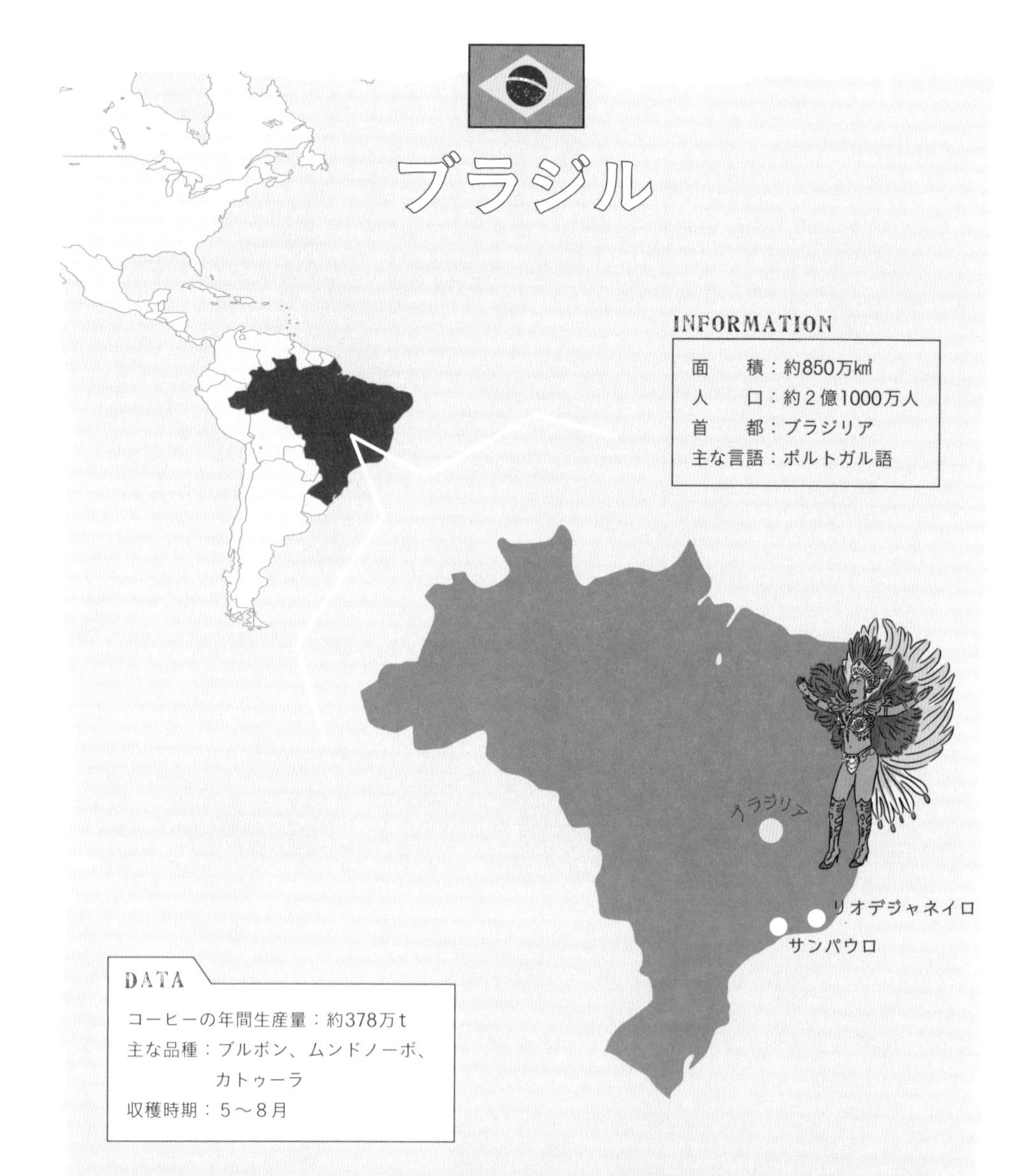

INFORMATION

面　　積：約850万㎢
人　　口：約２億1000万人
首　　都：ブラジリア
主な言語：ポルトガル語

DATA

コーヒーの年間生産量：約378万t
主な品種：ブルボン、ムンドノーボ、
　　　　　カトゥーラ
収穫時期：５～８月

世界第1位の生産量を誇り、日本の輸入量もトップ。アラビカ種、カネフォラ種の双方を栽培している（種や品種についてはP98～）。コーヒー栽培の歴史は長く、1727年にエチオピア原産のコーヒーノキが伝わると、ほどなく世界一の生産国となった。現在は複数の国で開かれているコーヒーの国際的品評会「カップ・オブ・エクセレンス」は、1999年にブラジルで開かれた品評会から始まった。

品質にこだわる小規模農家がいる一方、生産性を重視して機械化を進める大規模農園もある。著しい経済発展を受け、コーヒー消費量はEU、アメリカに次ぐ世界第３位。

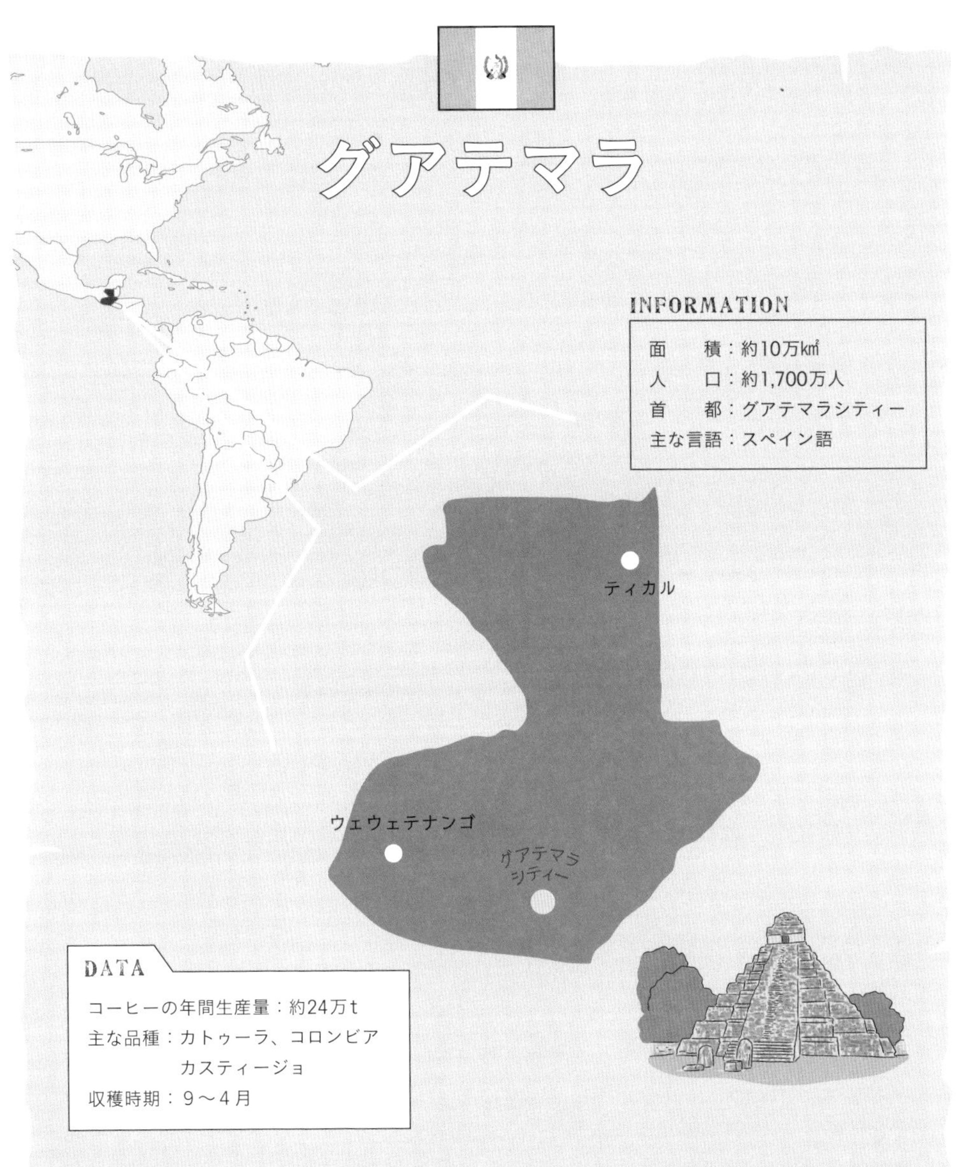

1750年ごろ、キリスト教修道会のイエズス会によって苗木が持ち込まれ、1860年代に本格的に栽培されるようになったといわれる。イエズス会は、日本にキリスト教を伝えたフランシスコ・ザビエルらが立ち上げた団体。

国土の多くは、コーヒー栽培に適している山岳地帯。アラビカ種、カネフォラ種の双方が栽培されているものの大半はアラビカ種で、幅広い品種が栽培されている。生産者、政府関係者らでつくる「グアテマラ全国コーヒー協会（通称アナカフェ）」が各生産者の情報を集約するなどして、幅広い農業支援を行っている。

コスタリカ

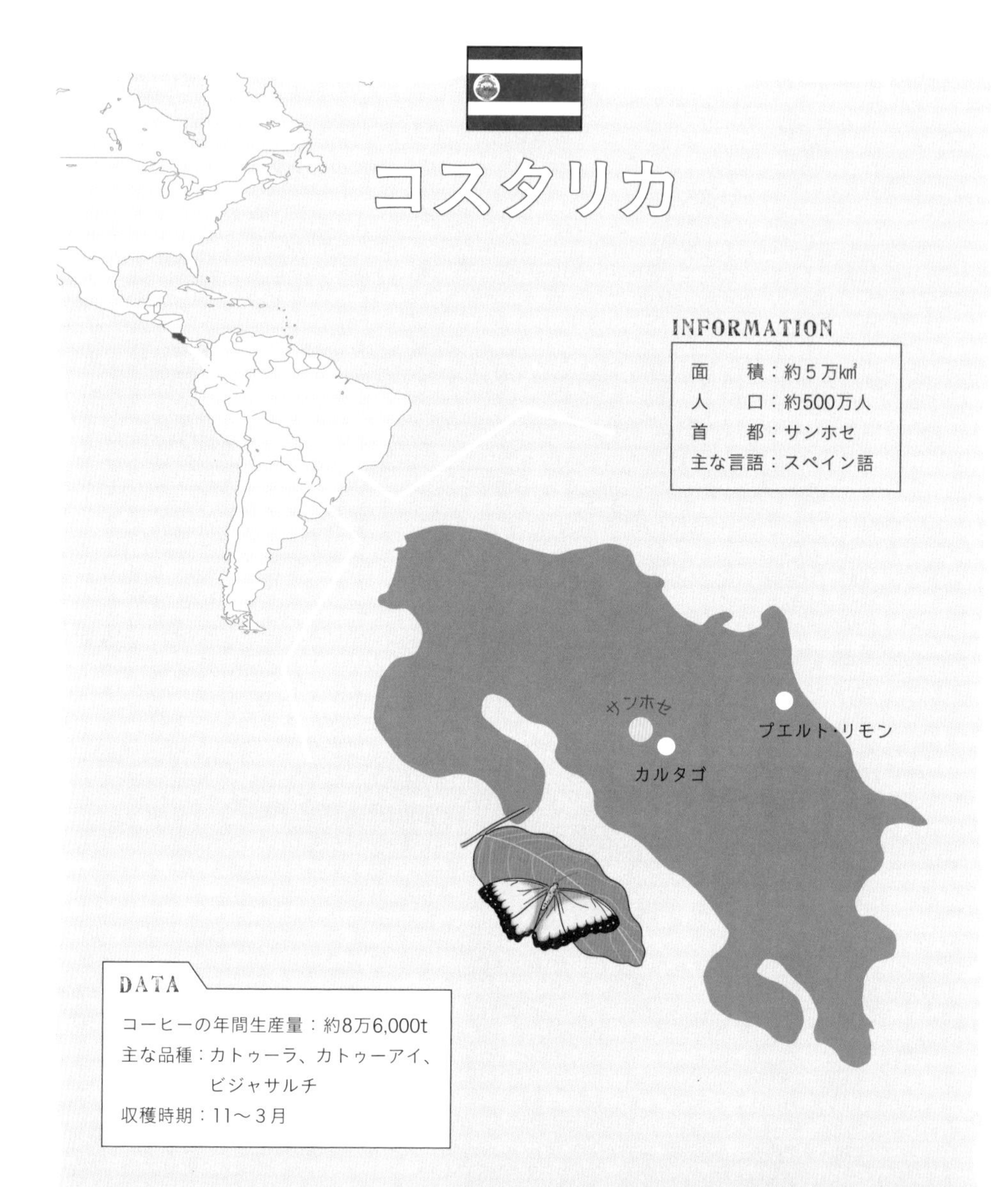

INFORMATION

面　　積：約５万㎢
人　　口：約500万人
首　　都：サンホセ
主な言語：スペイン語

DATA

コーヒーの年間生産量：約8万6,000t
主な品種：カトゥーラ、カトゥーアイ、
　　　　　ビジャサルチ
収穫時期：11～３月

　政府が生産者と「コスタリカコーヒー協会」を組織し、高品質な豆の生産に力を入れている。カネフォラ種の栽培は法律で禁止し、アラビカ種しか栽培していない。生産量、日本への輸入量ともに10位台だが、近年、品質の評価が高まっており、スペシャルティコーヒー店では定番になっている。

　生産者の大半は小規模農家。「マイクロミル」と呼ばれる生産処理施設が、複数の農園で栽培された豆の生産処理を担っているケースが多い。

　ナチュラルとウォッシュドの中間の生産処理方法である「ハニープロセス」は、コスタリカで生み出された。

コロンビア

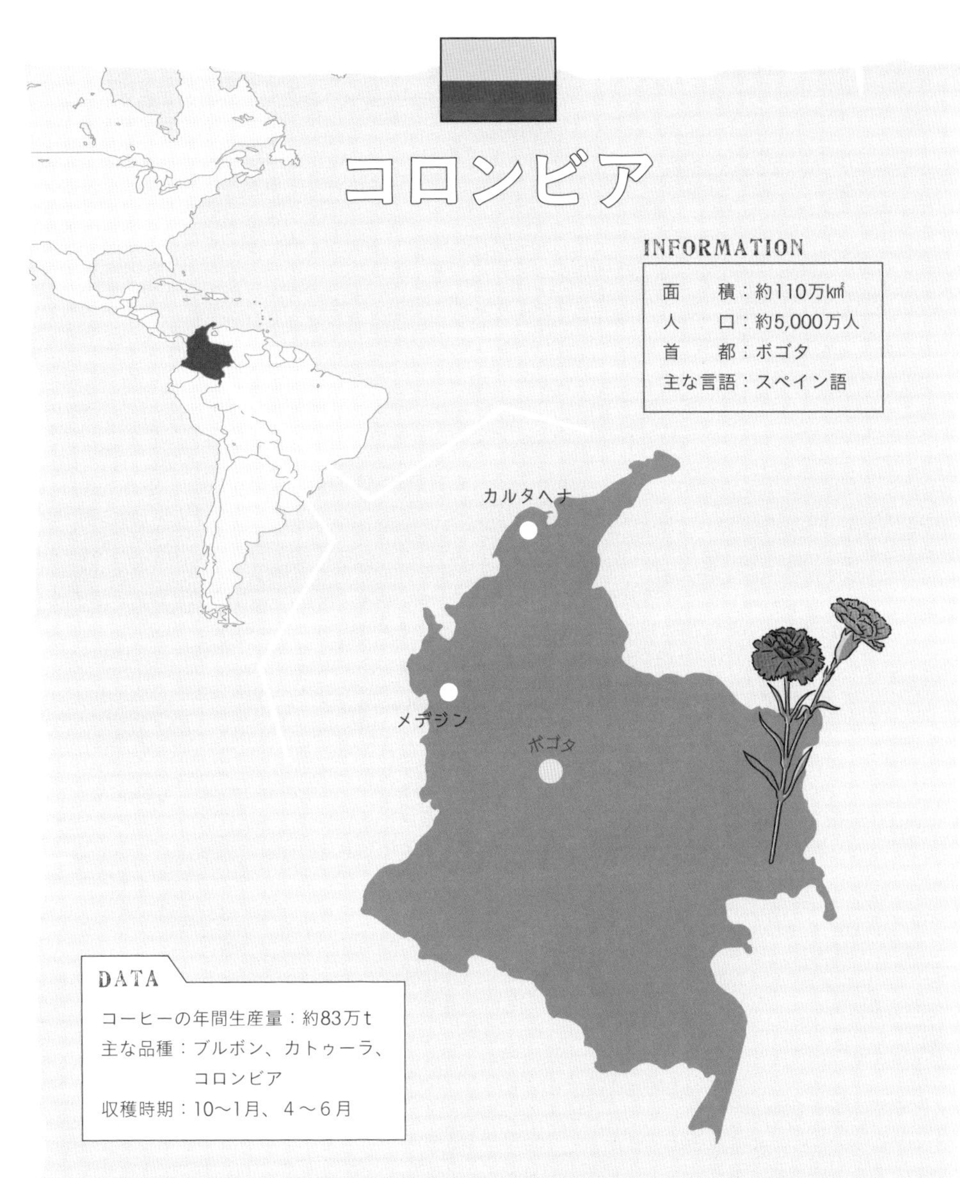

INFORMATION

面　　積：約110万㎢
人　　口：約5,000万人
首　　都：ボゴタ
主な言語：スペイン語

DATA

コーヒーの年間生産量：約83万t
主な品種：ブルボン、カトゥーラ、
　　　　　コロンビア
収穫時期：10〜1月、4〜6月

日本の輸入量は、ブラジル、ベトナムに次ぐ第3位。アンデス山脈が広がっており、気候的にはコーヒーの栽培に適しているものの、山の斜面が厳しく栽培農地を広げることは難しい。そのため多くは小規模農家。アラビカ種のみが栽培されている。

生産者の大半は、1927年に設立された「コロンビアコーヒー生産者連合会（FNC）」に加盟している。FNCは、苗木の提供、コーヒーに関する講座の開催、生豆のチェックなど、品質向上につながる幅広い取り組みを行っている。国内でのコーヒー消費量も増加傾向にある。

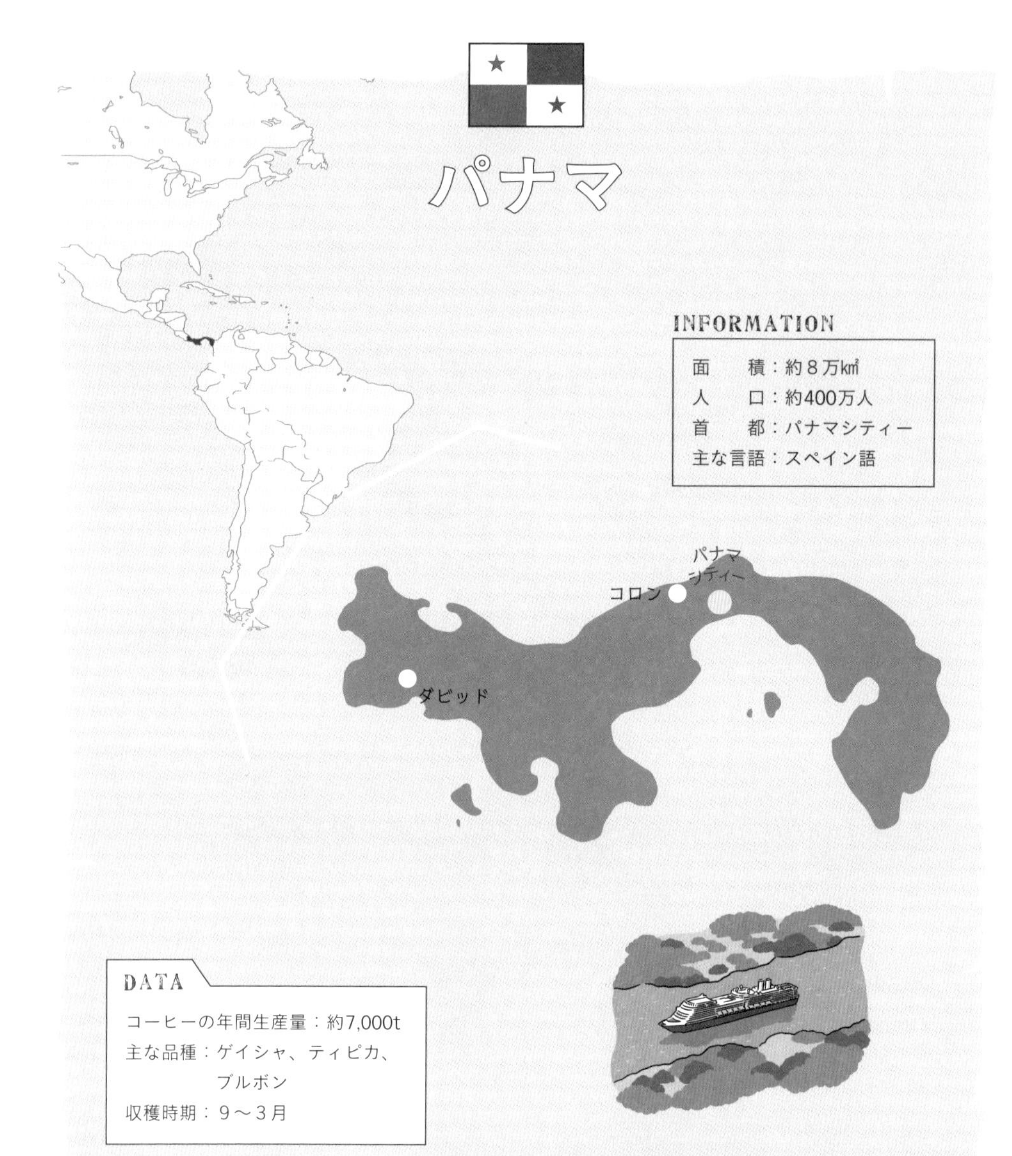

パナマ

INFORMATION

面　　積：約８万㎢
人　　口：約400万人
首　　都：パナマシティー
主な言語：スペイン語

DATA

コーヒーの年間生産量：約7,000t
主な品種：ゲイシャ、ティピカ、
　　　　　ブルボン
収穫時期：９～３月

標高が高くて雨量が多いなど、気候的にコーヒー栽培に恵まれている。従来から品質の評価は高かったが、国際的な評価が一気に高まったのは2004年。パナマの品評会「ベスト・オブ・パナマ」に出品されたエスメラルダ農園のゲイシャが、当時の史上最高価格で落札されたのだ。これを機に、ゲイシャの知名度も格段に高まった。

ゲイシャは1960年ごろ、中南米に持ち込まれた品種。生産性が低いため、かつては栽培する農園は少なかったが、比較的高価格で取引されるため、現在は栽培に取り組む農園が増えている。

エチオピア

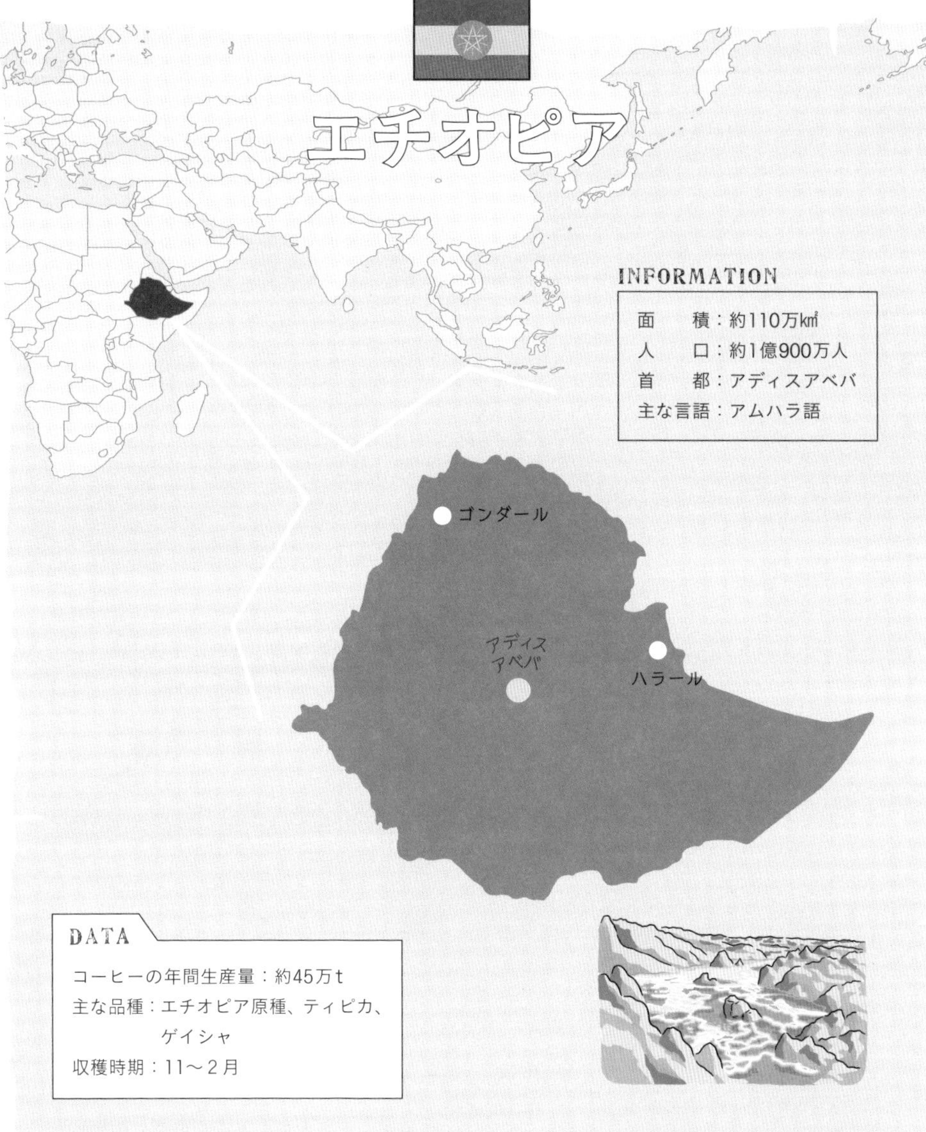

INFORMATION

面　積：約110万㎢
人　口：約1億900万人
首　都：アディスアベバ
主な言語：アムハラ語

DATA

コーヒーの年間生産量：約45万t
主な品種：エチオピア原種、ティピカ、ゲイシャ
収穫時期：11～2月

コーヒー発祥の国といわれる。野生のコーヒーノキから収穫されるコーヒーが多いために品種の特定が難しく、品種は「エチオピア原種」とひとくくりにされることが多い。エチオピア原種は1000以上あるといわれてきたが、近年は科学の進歩で品種の特定が進んでいる。特定されている品種のうち、とりわけ人気が高いのがゲイシャ。エチオピアのゲシャ村がルーツで、各国に広まった。

国土の大部分が山岳地帯で、品質のよいフルーティーなコーヒーが栽培されている。生活にコーヒーが根付いており、国内での消費量も多い。

ケニア

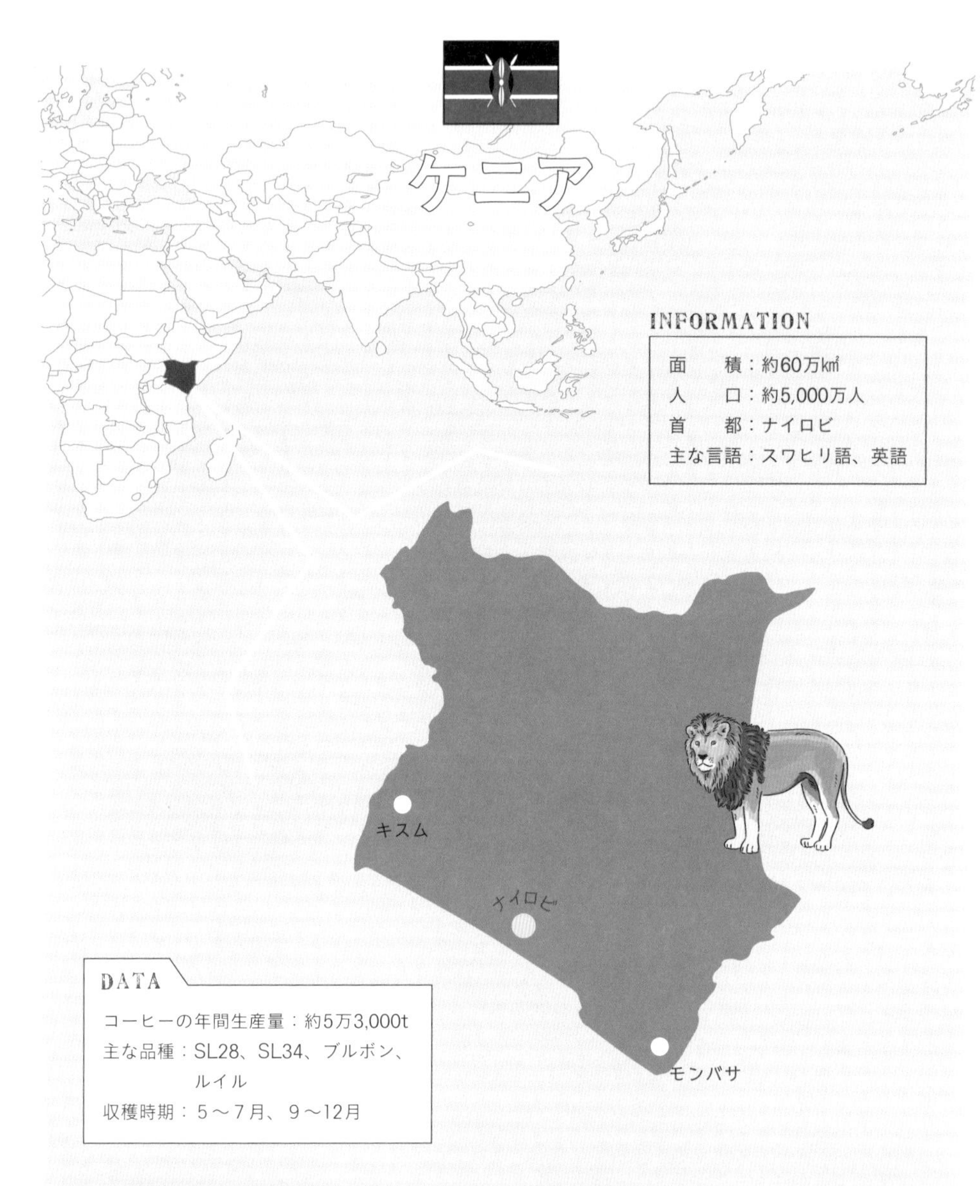

INFORMATION

面　　積：約60万㎢
人　　口：約5,000万人
首　　都：ナイロビ
主な言語：スワヒリ語、英語

DATA

コーヒーの年間生産量：約5万3,000t
主な品種：SL28、SL34、ブルボン、ルイル
収穫時期：５〜７月、９〜12月

　ケニアでコーヒー栽培が始まったのは19世紀末で、他のアフリカ諸国に比べると比較的遅かった。しかし、生産者たちが出資して世界初のコーヒー研究機関「コーヒー研究財団」を設立。品質向上を目指すことに加え、世界各国にケニア産のコーヒーをPRし、世界有数の人気産地になった。財団の主な取り組みは、品種や栽培方法の研究、マーケティング、「ケニアコーヒーカレッジ」の運営など。

　ケニアを代表するSL28やSL34は、特徴的なジューシーな酸味を持つ。日本への輸入量は10位台だが、スペシャルティコーヒー愛好家に根強い人気がある。

インドネシア

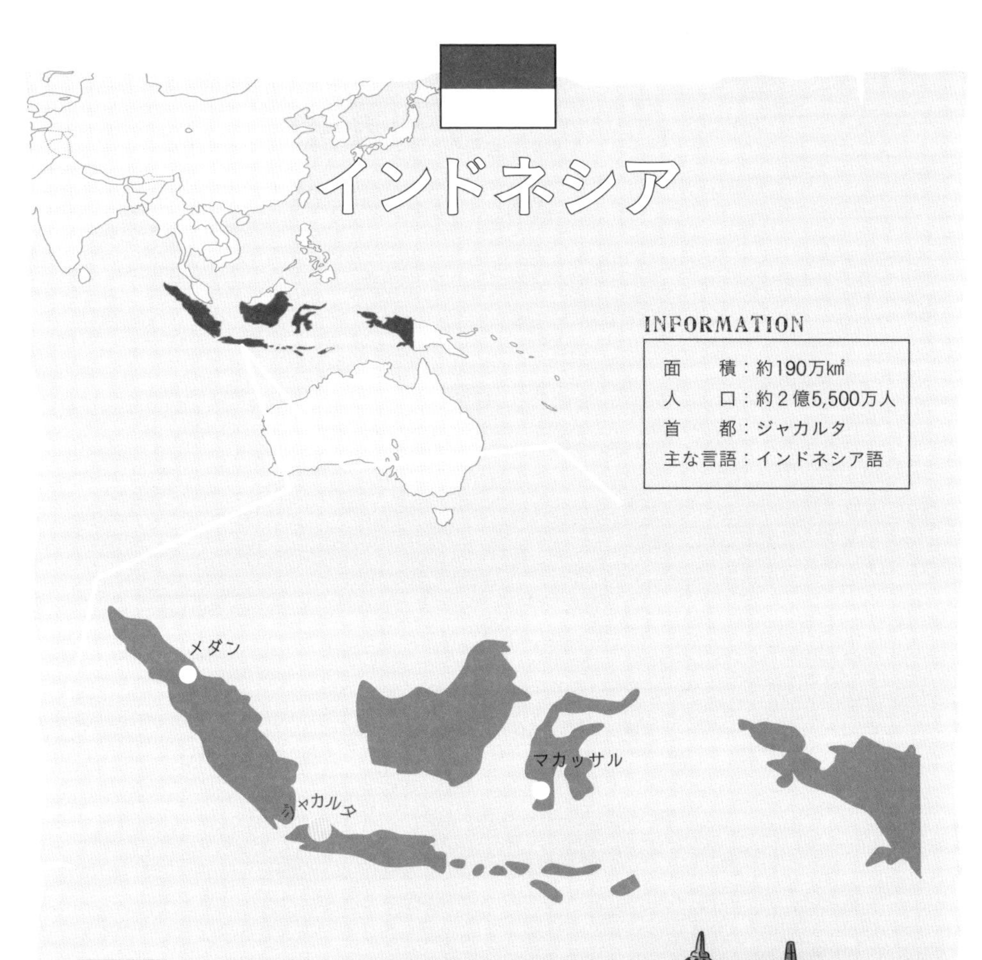

INFORMATION

面　　積：約190万km²
人　　口：約２億5,500万人
首　　都：ジャカルタ
主な言語：インドネシア語

DATA

コーヒーの年間生産量：約57万t
主な品種：ティピカ、カトゥーラ、カティモール
収穫時期：10〜3月（スマトラ島）

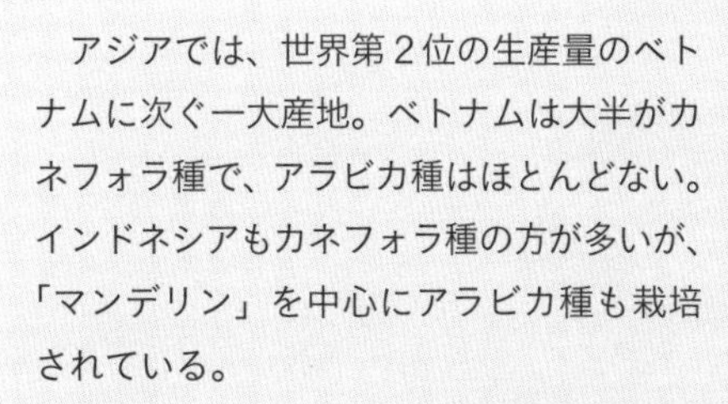

アジアでは、世界第２位の生産量のベトナムに次ぐ一大産地。ベトナムは大半がカネフォラ種で、アラビカ種はほとんどない。インドネシアもカネフォラ種の方が多いが、「マンデリン」を中心にアラビカ種も栽培されている。

マンデリンはスマトラ島北部で栽培されるアラビカ種をさし、品種はリントン地区の在来種で特定されていないことが多い。かつてマンデリン族が栽培していたとして、こう呼ばれる。コーヒーチェリーから取り出したタネを２度乾燥させるインドネシアならではの生産処理方法「スマトラ式」も行われている。

味わいが異なる

コーヒーの代表的な種

缶コーヒー、スペシャルティコーヒーの味わいの違いに驚いたことはないだろうか。この違いは焙煎度合いや抽出方法もあるが、原料のコーヒーの種が異なっており、品質が異なることが大きい。

種は植物の分類の基本単位。コーヒーチェリーは、「コーヒーノキ」というアカネ科コフィア属の常緑樹に実をつける。コーヒーノキは世界各地で100以上の種が確認されているが、大半は飲用に向かない。現在、飲用に栽培されているのはアラビカ種、カネフォラ種、リベリカ種で、この3つは「三大原種」と呼ばれている。

アラビカ種は、三大原種の中で最も風味がよい。スペシャルティコーヒーは全てアラビカ種で、本書は主にアラビカ種について紹介している。

カネフォラ種で流通しているのは、ほぼロブスタ種。カネフォラ種とロブスタ種は同じものだと見なされることもある。苦味が強いのが特徴。

リベリカ種は原産国のリベリアなどの西アフリカで栽培されているが、生産量は少なく、ほとんど流通していない。

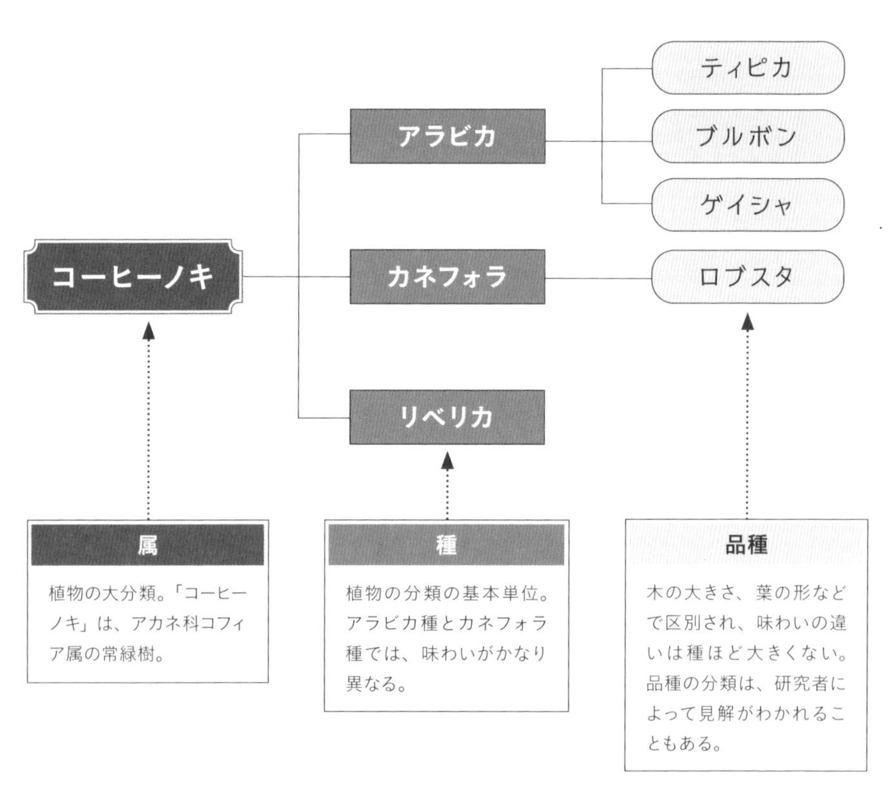

一般的なコーヒー市場では、アラビカ種とカネフォラ種が流通している。味わいはアラビカ種の方が好まれている。カネフォラ種の方が病気に強くて収量が多く、低地でも栽培可能。

国によって、アラビカ種のみを生産していたり、カネフォラ種のみだったり、両方とも生産していたりする。これは、歴史的、地理的な要因が大きい。またコスタリカなど、コーヒーを重要な輸出商品と位置付け、より高値で取引されるアラビカ種のみを生産している国もある。

アラビカ種 ｜スペシャルティコーヒー｜

酸味やフレーバーがある

良質な酸味、フレーバーを含んでおり、一般的に飲まれているコーヒーはアラビカ種が中心。特にスペシャルティコーヒーは100%がアラビカ種だ。歴史は古く、カネフォラ種が栽培されるようになるまでは、アラビカ種のみが飲まれていた。カネフォラ種に比べると病気や害虫に弱い。

主な生産国

ブラジル、コロンビア、エルサルバドル、エチオピア、ケニアなど

カネフォラ種 ｜缶コーヒーや業務用コーヒー｜

病気や害虫に強く収量が多い

酸味がほとんどなく、苦味が強い。缶コーヒーや業務用コーヒー、インスタントコーヒーなどに使われることが多い。エスプレッソにブレンドされることもある。病気や害虫に強く、標高の低い高温多湿の環境でも生育できるため、気象的にカネフォラ種が中心の国もある。

主な生産国

ベトナム、インド、ブラジル、コートジボワールなど

バラエティ豊か

コーヒーの品種

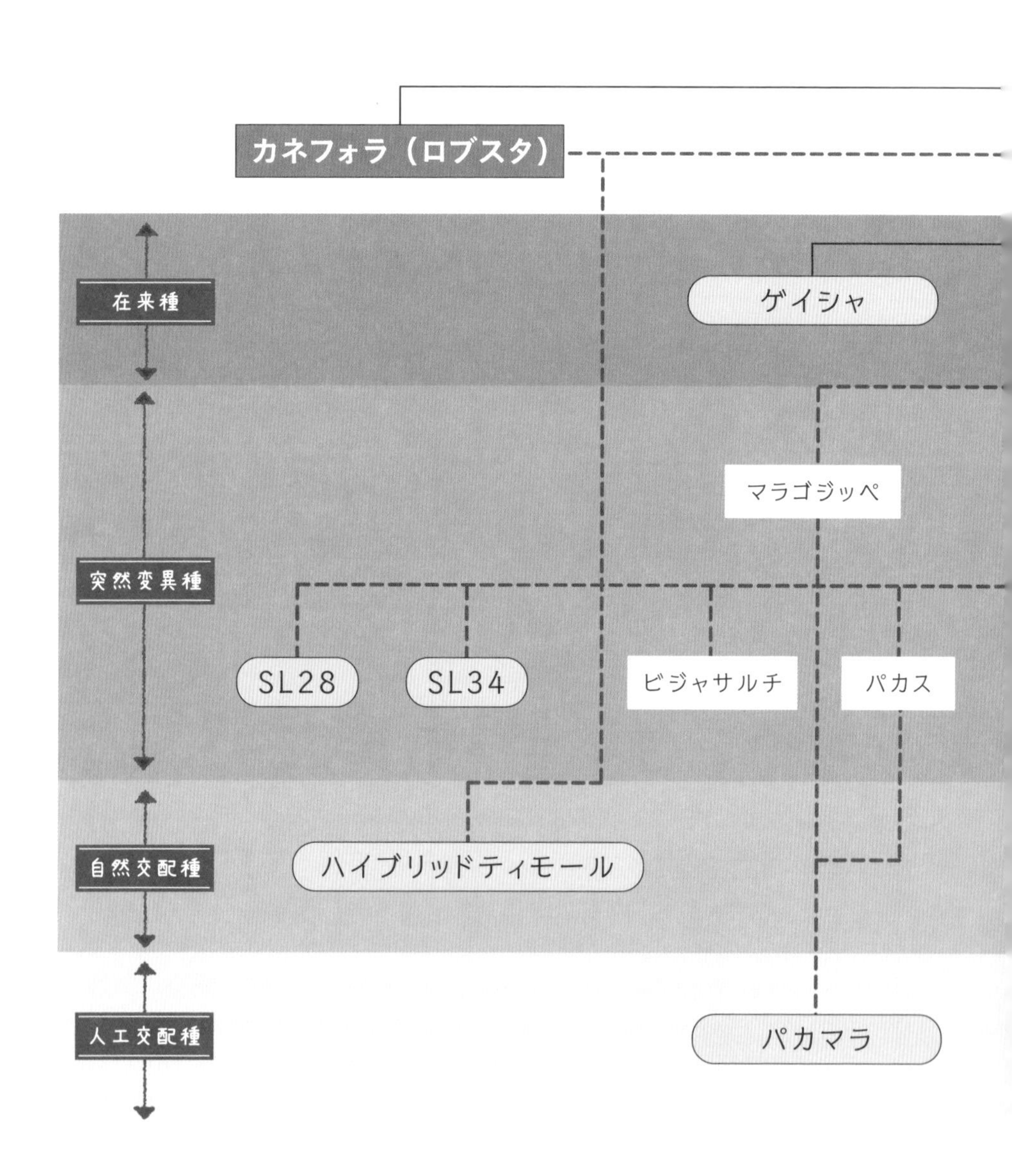

種の下位の品種は数多く、品種によってコーヒーチェリーの形、コーヒーの味わいが異なる。土地に根付いている在来種、在来種から生まれた突然変異種、品種を掛け合わせた交配種に分類できる。交配種には、自然界で偶然掛け合わさった自然交配種、人が手を加えた人工交配種がある。

一般的なコーヒー分類図を示す。

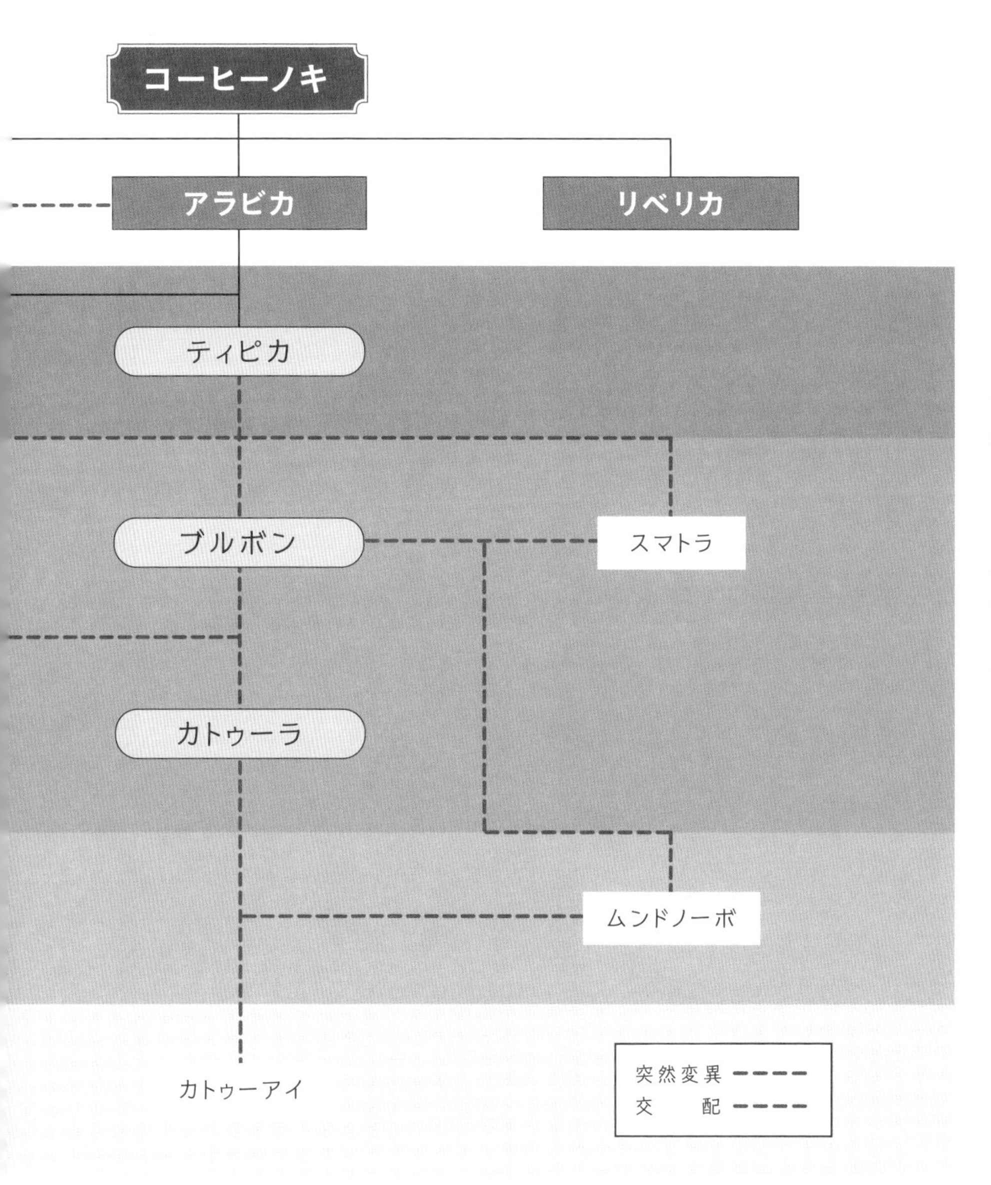

知っていると味わいが増す

おさえておきたい8品種

マイルドな味わい

ティピカ

Typica

最も原種に近い、最古の栽培品種。英語の「typical（普遍的な）」から名付けられたといわれる。現在、流通している品種は、ルーツがティピカであるものが多い。さわやかな酸、繊細な香りがある。マイルドな味わいが特徴で、比較的多くの国で栽培されている。

主な生産国

ブラジル、ペルー、ルワンダ

ふくよかな甘み

ブルボン

Bourbon

ティピカの突然変異種で、ブルボン島（現レユニオン島）に移植された木が起源とされる。ティピカに並ぶ古い品種。ふくよかな甘みがあり、バランスがよい。ブルボンから派生した「イエローブルボン」「レッドブルボン」などもある。比較的、多くの国で栽培されている。

主な生産国

ブラジル、グアテマラ、コロンビア

花のようなフレーバー

エチオピア原種

Ethiopian Heirloom

特定の品種ではなくエチオピア在来種の総称で、「ヘアルーム」「エアルーム」とも呼ばれる。エチオピアには野生の樹が多く、品種として分類しきれていない。総じて、花のようなフレーバーがある。近年は分類が進んでおり、有名な品種に「ゲイシャ」がある。

主な生産国

エチオピア

複雑で繊細な味わい

ゲイシャ

Geisha

エチオピア原種の一種。個性が際立っており、複雑で繊細な味わいがある。スペシャルティコーヒーの中でもとりわけ高価だが、愛好者は多い。他の品種に比べて栽培は難しく、収量も多くないものの、近年の人気の高まりを受けて栽培する国は広がっている。

主な生産国

パナマ、エチオピア

P100～101でいくつか品種を挙げたが、品種は数百品種あるといわれている。ここでは定番だったり、特徴的だったりする、おさえておくと「コーヒー通」になれる8品種を紹介する。

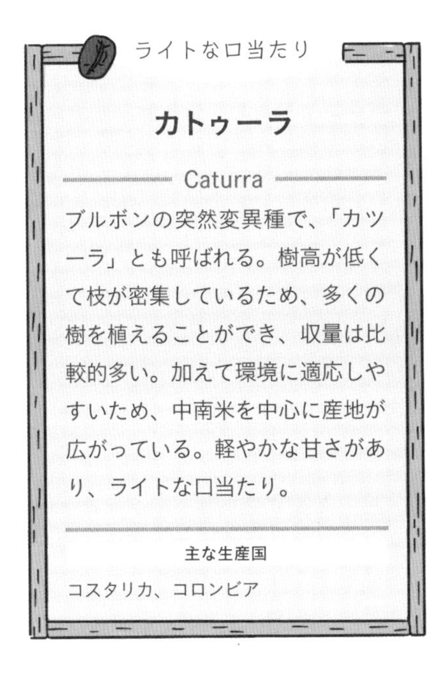

ライトな口当たり

カトゥーラ

Caturra

ブルボンの突然変異種で、「カツーラ」とも呼ばれる。樹高が低くて枝が密集しているため、多くの樹を植えることができ、収量は比較的多い。加えて環境に適応しやすいため、中南米を中心に産地が広がっている。軽やかな甘さがあり、ライトな口当たり。

主な生産国

コスタリカ、コロンビア

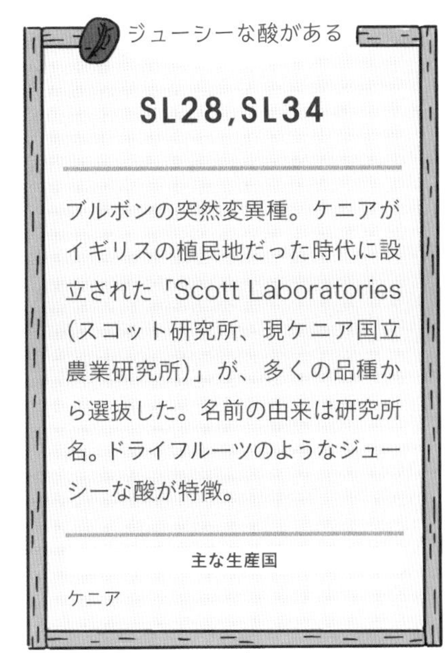

ジューシーな酸がある

SL28,SL34

ブルボンの突然変異種。ケニアがイギリスの植民地だった時代に設立された「Scott Laboratories(スコット研究所、現ケニア国立農業研究所)」が、多くの品種から選抜した。名前の由来は研究所名。ドライフルーツのようなジューシーな酸が特徴。

主な生産国

ケニア

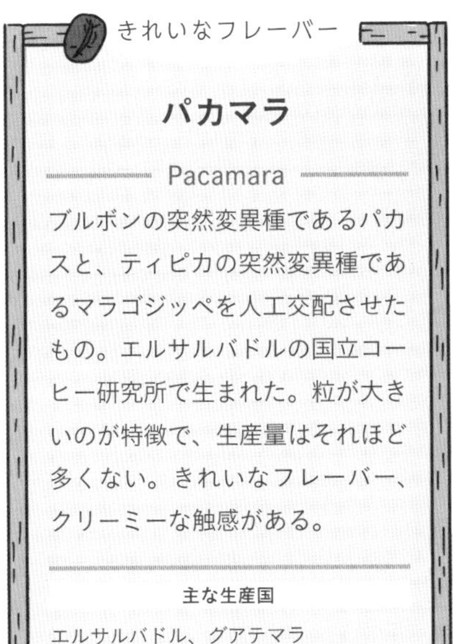

きれいなフレーバー

パカマラ

Pacamara

ブルボンの突然変異種であるパカスと、ティピカの突然変異種であるマラゴジッペを人工交配させたもの。エルサルバドルの国立コーヒー研究所で生まれた。粒が大きいのが特徴で、生産量はそれほど多くない。きれいなフレーバー、クリーミーな触感がある。

主な生産国

エルサルバドル、グアテマラ

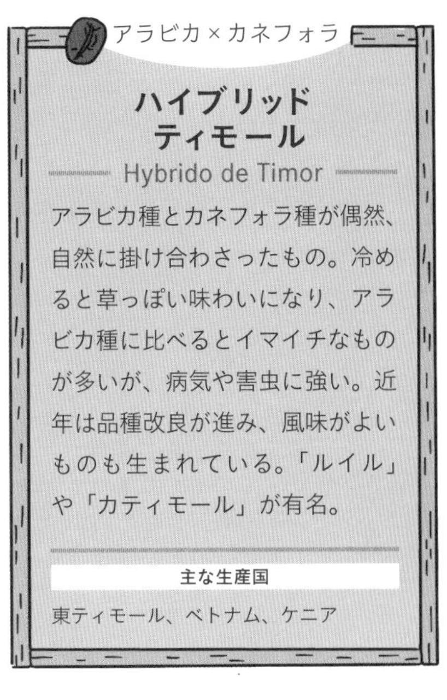

アラビカ×カネフォラ

ハイブリッド ティモール

Hybrido de Timor

アラビカ種とカネフォラ種が偶然、自然に掛け合わさったもの。冷めると草っぽい味わいになり、アラビカ種に比べるとイマイチなものが多いが、病気や害虫に強い。近年は品種改良が進み、風味がよいものも生まれている。「ルイル」や「カティモール」が有名。

主な生産国

東ティモール、ベトナム、ケニア

味わいと品質を左右する

生産処理方法

生産処理は、近年、コーヒー業界で注目を浴びている。方法によってコーヒー豆の味わいが変わり、品質を左右するからだ。そのため生産地ではさまざまな工夫がなされ、新たな方法も生み出されている。

伝統的なものは、コーヒーチェリーのまま乾燥させる「ナチュラル（乾燥式）」、水洗いする「ウォッシュド（水洗式）」の２つ。ナチュラルとウォッシュドの中間の「ハニープロセス（パルプドナチュラル、半水洗式）」も広まっており、地域独自の方法もある。

ワイン醸造の方法を参考にした、科学を生かした方法もある。代表的なものに「アナエロビックファーメンテーション（嫌気性発酵）」や「カーボニックマセレーション（炭酸ガス浸漬法）」がある。

コーヒーチェリーの構造

COFFEE BREAK

「生豆」なんて読む？

生産処理を終えた「生豆」。「なままめ」と読んだ人も、「きまめ」と読んだ人もいるのではないだろうか。

生は「なま」とも「き」とも読めるが、意味はそれぞれ異なる。なまは火入れしていない、きは混ぜ物がないという意味。醤油を例にみるとわかりやすいだろう。なま醤油は火入れしていない醤油、き醤油は添加物が入っていない醤油。ここでは、焙煎前のコーヒー豆なので、「なままめ」が正解！

ナチュラル

主な地域
ブラジル、エチオピアなど

コクがあり香りも濃厚

コーヒーチェリーを天日乾燥させた後、果肉やパーチメントを脱殻してタネを取り出す。大がかりな設備を必要としない、最もシンプルで伝統的な方法。

乾燥する過程で発酵するため、コクのある味わいになり、香りも濃厚になる。まんべんなく乾燥させるためには、丁寧に手作業する必要がある。雨が続くと乾燥できないため、乾季がはっきりしている地域で行われている。他の方法よりも未成熟の豆や異物を取り除きにくく、発酵させすぎると風味は落ちる。

1 乾燥

コンクリートの床や、高床の乾燥棚にコーヒーチェリーを広げて乾燥させる。まんべんなく乾くよう、一定時間ごとに転がす。乾燥させる前にコーヒーチェリーを水槽に入れ、浮かんでくる、熟していない実を取り除くこともある。

乾燥棚は
風通しがよい

エチオピアなどで乾燥に用いる高床の乾燥棚は「アフリカンベッド」と呼ばれる。床に直接並べるよりも風通しがよく、ムラのない乾燥を促す。

水分が抜け
黒みがかってくる

乾燥が進むと、水分が抜けて濃厚な黒みを帯びてくる。乾燥期間は生産国や地域により、10〜30日程度。

2 脱殻

乾燥後のコーヒーチェリーを脱殻機にかけてタネの周りにある果肉やパーチメントを取り除き、タネのみを取り出す。脱殻せずに保存すると品質を維持できるため、出荷直前に行われることが多く、消費地で行われることもある。

タネのみを取り出す

脱殻機にかけて、パーチメントなどを取り除く工程は、どの生産処理方法でも行われる。

完成

ウォッシュド

主な地域
ケニア、エルサルバドルなど

クリーンな味わい

湿気と降雨量が多いため、ナチュラルを行うことができなかったジャワ島で17世紀に考案された。果肉を除去した後に水に漬けてミューシレージを分解し、乾燥させてからパーチメントを脱殻する。

水に漬けることに加え、果肉とパーチメントを２段階の工程で取り除くため、スッキリとしたクリーンな味わいとなる。また酸味が引き立つ。ただ、水槽などの設備、大量の水が必要となる。

❶ フローター選別

コーヒーチェリーを水槽に入れる。完熟した実は重いため水に沈む。水に浮く完熟していない実や不純物を取り除く。

＼果肉を除去／

❷ パルピング

パルパーという専用の機械で、コーヒーチェリーの外皮や果肉を取り除く。

＼発酵させてミューシレージ分解／

❸ 水槽に漬ける

半日～1日半ほど水槽に漬け、発酵させてミューシレージを分解させる。均一に発酵するよう、定期的に攪拌する。その後、新たな水に漬け、表面に浮かんだ欠点豆を取り除き、沈んだ豆のみを取り出す。

❹ 乾燥

天日乾燥することも、機械乾燥することもある。果肉などが除去されているため、乾燥はナチュラルよりも短い数日～1週間程度。

＼天日や機械で乾燥／

❺ 脱殻

完成

ハニープロセス

主な地域
コスタリカ、ブラジルなど

甘みがある味わい

踏む工程はウォッシュドと同様だが、ウォッシュドでは完全に除去するミューシレージを一部残して乾燥させる。「パルプドナチュラル」とも呼ばれる。ミューシレージを残して乾燥させることで、甘みがある味わいになる。

ミューシレージの除去割合によって「ホワイトハニー」「イエローハニー」「レッドハニー」「ブラックハニー」に区分される。ホワイトハニーはウォッシュドに近く、ブラックハニーはナチュラルに近い味わいになる。

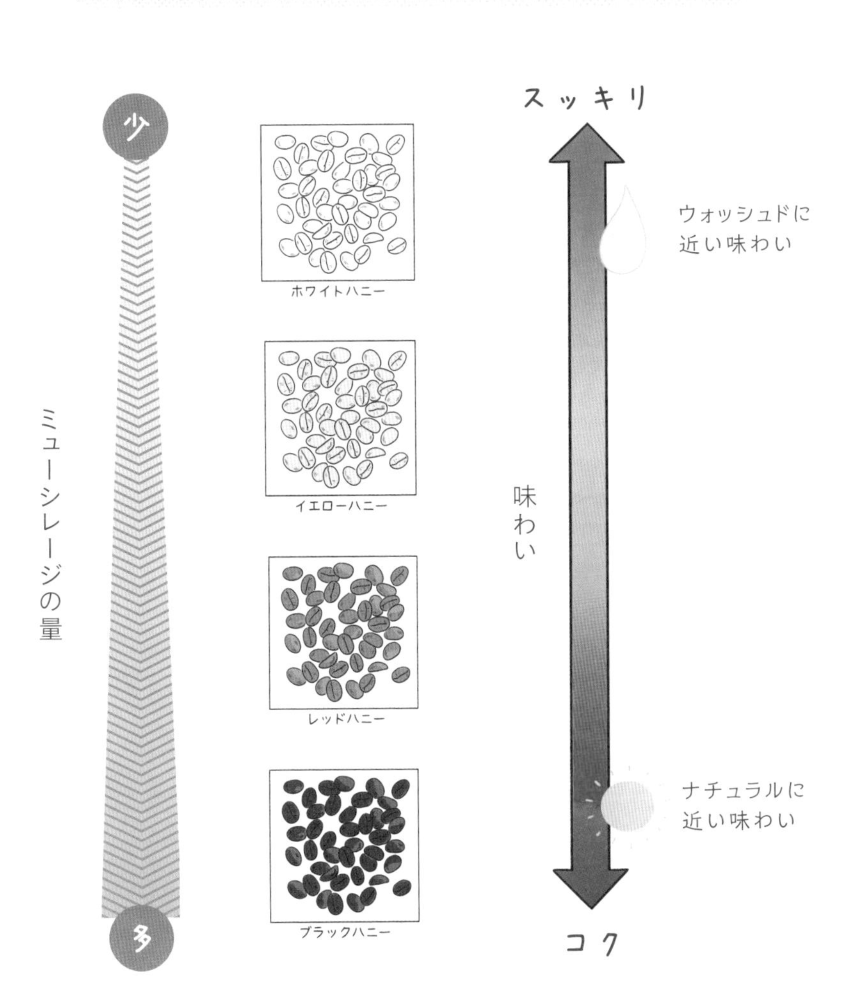

セミウォッシュド

機械でミューシレージ除去

ほとんどウォッシュドと同様に処理する。違いはミューシレージを発酵槽ではなく、機械で取り除くこと。

ウォッシュドに比べて処理時間を短縮でき、水の使用量を減らすことができる。ウォッシュドに近い、スッキリとした味わい。環境負荷がウォッシュドより小さく、効率もよいため、各国で広まっている。

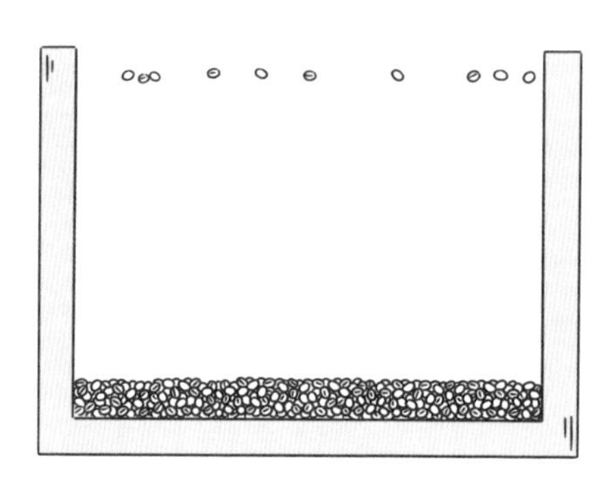

スマトラ式

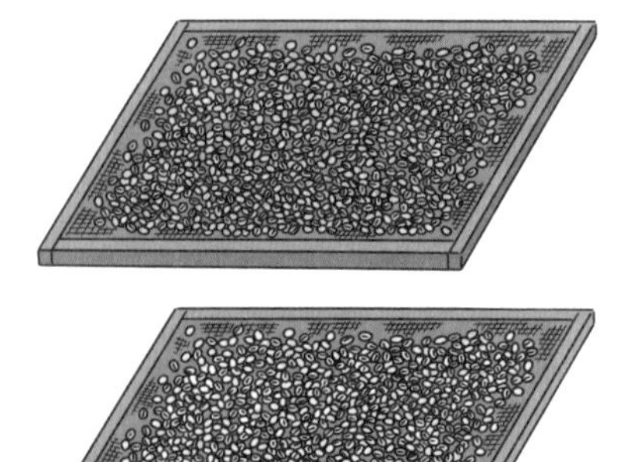

インドネシア独自の方法

湿気が多いインドネシアのスマトラ島で生み出された独自の方法で、2度乾燥させるのが特徴。

途中まではウォッシュドと同じ。果肉を除去してミューシレージが付いたまま、ある程度乾燥させ、湿った状態でパーチメントを脱殻する。その後、再び乾燥させる。独特の香りや風味が出る。

科学的な生産処理方法

このほか近年では、さまざまな生産処理方法が試行錯誤され、科学的なアプローチを行う生産地が増えている。ここでは2つの方法を紹介する。

アナエロビック ファーメンテーション

菌には、酸素がある状態で活動する好気性のものと、酸素がない状態で活動する嫌気性のものがある。アナエロビックファーメンテーションは、人工的に嫌気性環境をつくってコーヒー豆を発酵させる手法。

酸素がある状態では活動しない菌が働くことにより、際立つ香り、独特のフレーバーを生み出すことができる。乾燥や脱殻をしてタネを取り出す工程は、他の生産処理方法同様に行う。

カーボニック マセレーション

アナエロビックファーメンテーションの一種で、ワインの醸造技術を応用したもの。タンクに炭酸ガスを充満させて嫌気性の環境にし、その中にコーヒー豆を入れて発酵を促す。

甘みや複雑味がある、独特のフレーバーを生み出すことができる。乾燥や脱殻をしてタネを取り出す工程は、他の生産処理方法と同様に行う。

1つのチェリーにタネ1つ

通常、コーヒーチェリーの中にはタネが2つある。ただたまに、タネが1つしかないチェリーがある。このタネは丸い形をしており、「ピーベリー」と呼ばれている。ピーベリーは数％しかなく、その希少性から、通常のコーヒー豆より高値で取引されることが多い。

味わいは「通常の豆と変わらない」という人もいれば、「成分が1粒に凝縮されるため、より美味しい」という人もいる。

品質や価格に影響

産地のグレーディング

生産処理が終わると、コーヒー豆はいよいよ出荷される。その前に、選別されて等級をつけられることもある。

等級づけのことをグレーディングといい、代表的な基準は、標高、豆のサイズのスクリーン、欠点豆の数の3つ。グレードは品質や価格に影響するケースが多く、メニューに記載されることがある。

1 標高

高い方がグレード高い

一般的に、標高が高い地域の方が昼夜の寒暖の差が大きく、実がゆっくり熟すため、品質が高くなる。そのため、標高が高い方がグレードは高くなる。

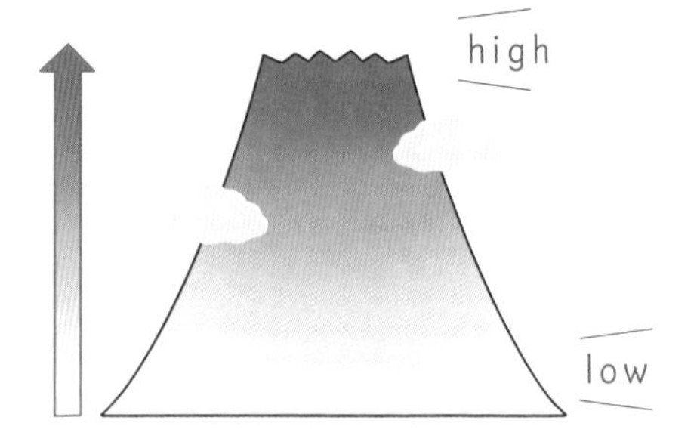

生産国	グレード		標高
グアテマラ	SHB	ストリクトリー・ハード・ビーン	1400m 以上
	HB	ハード・ビーン	1200 ～ 1400m
	SH	セミ・ハード・ビーン	1100 ～ 1200m
	EPW	エクストラ・プライム・ウォッシュド	900 ～ 1100m
	PW	プライム・ウォッシュド	750 ～ 900m
	EGW	エクストラ・グッド・ウォッシュド	600 ～ 750m
	GW	グッド・ウォッシュド	600m 以下

生産国	グレード		標高
エルサルバドル	SHG	ストリクトリー・ハイ・グロウン	1200m 以上
	HG	ハイ・グロウン	900 ～ 1200m
	CS	セントラル・スタンダード	450 ～ 900m

2 スクリーン

大きい方がグレード高い

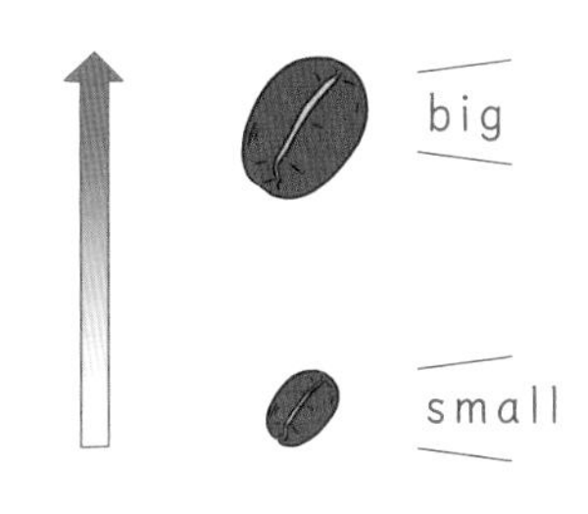

スクリーンはコーヒー豆の大きさの単位で、1スクリーンは1/64インチ、約0.4mm。一般的に完熟した実のタネは大きくなるため、大粒の方がグレードが高くなる。

生産国	グレード	スクリーン
ケニア	AA	17～18（6.8～7.2mm）
	AB	15～17未満（6.0～6.8mm未満）
	C	15未満（6.0mm未満）
	E	非常に大きい豆
	TT	Cより小さい豆
	T	最小・最細のもので、欠点豆も含む

生産国	グレード	スクリーン
コロンビア	プレミアム	18（7.2mm）
	スプレモ	17（6.8mm）
	エクストラ	16（6.4mm）
	ヨーロッパ	15（6.0mm）
	UGQ	12～14（4.8～5.6mm）
	マラゴジッペ	17（6.8mm）
	カラコル（ピーベリー）	12以上（4.8mm以上）

3 欠点豆の数

少ない方がグレード高い

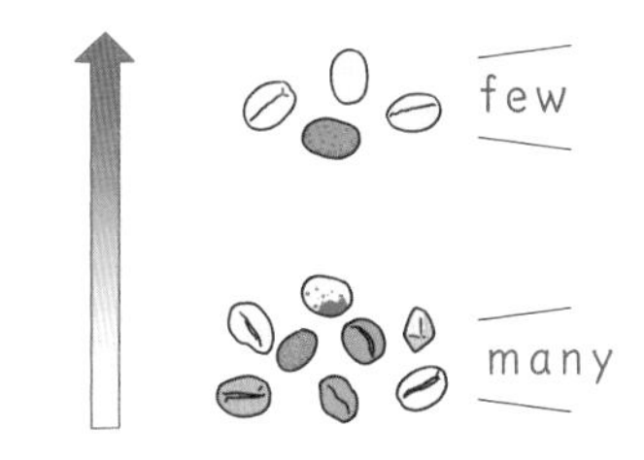

欠点豆が混入していると、味わいを落とす。そのため欠点豆の混入が少ない方がグレードは高い。

生産国	グレード		生豆300g中の欠点豆の個数
エチオピア	G1	グレード1	0～3個
	G2	グレード2	4～12個
	G3	グレード3	13～25個
	G4	グレード4	26～46個
	G5	グレード5	47～75個

コーヒーの品評会

カップ・オブ・エクセレンス

コーヒーには「カップ・オブ・エクセレンス（COE)」という国際的な品評会がある。開催は、各生産国で年に一度。世界中からコーヒーのプロたちが集まり、品質や味わいを評価して点数、順位をつけていく。

COEの流れ

出品

国内審査を通過した
コーヒーが集まる

農園単位で出品されることが多く、同じ農園でも畑や生産処理方法が異なると、別のロットとして扱われる。COEに出品されるコーヒーは、いずれも国内審査を通過したスペシャルティコーヒー。

テイスティング

審査員はコーヒーのプロ

COEの審査員を務めるのは、世界各国のコーヒーのプロたちで、日本のコーヒー店経営者やバイヤーも参加している。香りをかぎ、実際に味わって酸味や甘み、フレーバーなどを確かめる。

COEには、国内の審査を通過したスペシャルティコーヒーのみが出品される。COEで入賞したコーヒーも「COE」と呼ばれ、スペシャルティコーヒーの中でもとりわけ品質が高い「トップ・オブ・トップ」に区分される。入賞を果たした豆は、世界各国のコーヒー業者が参加するインターネットオークションで販売される。

オークションには日本のコーヒー関係者も参加している。オークションに参加して落札したり、落札した商社などから購入したりして、COE入賞豆を楽しむことができる店もある。入賞豆を扱う店は、「COE入賞」「COE●位」などと目立つようにメニューに記載していることが多い。

評価

100点満点で味わい評価

テイスティングの結果、各コーヒーを100点満点で評価する。86点以上を獲得したものが入賞（2019年12月現在）となる。入賞したものはその年のCOEのロゴをつけて販売することができる。

オークション

世界中の関係者が参加

COEに入賞したコーヒーは、インターネットオークションで販売され、世界中の商社やコーヒー店などが参加する。このオークションには日本からも多く参加しており、落札した店などで飲むことができる。

「三方よし」の流通に向けて

COEが目指す“コーヒーの輪”

COEの目的の1つに、フェアトレードの拡大がある。コーヒーの生産地は途上国に、消費地は先進国に多い。そのため、コーヒー豆は流通側の都合で生産コストを下回る価格で取引されてきた。この状況は少しずつ改善されてきてはいるが、現在も生産コストや品質に見合わない取引は行われており、離農者は減らない。

COEに出品されるコーヒーは、いずれもスペシャルティコーヒーだ。COEやスペシャルティコーヒーは、生産者、コーヒー会社、消費者いずれにとっても好ましい流通を目指している。高品質の豆がきちんと評価されて取引価格が上がれば、生産者の生活環境は改善され、さらに高品質の豆をつくるモチベーションが上がる。コーヒーの商社やショップは品質の高い豆を手に入れられるようになり、消費者も美味しいコーヒーを味わうことができる。

三者の良好な関係が継続するよう、スペシャルティコーヒーはトレーサビリティやサスティナビリティを重視し、COEはこれに一役買っている。

ただ、COEで高評価を受けるコーヒーがブランド化している一方で、その他の豆は買い叩かれることも少なくない。

トレーサビリティ

追跡可能性のことで、コーヒーの生産地、生産処理方法などの履歴を辿ることができる状況を意味する。現在のコーヒー市場では残念ながら、生産地側と流通側の双方の事情により、生産情報を辿ることが難しいケースが多い。生産情報の透明性が高いと通常、品質の信頼性も高い。

サスティナビリティ

持続可能性のことで、生産者が安心してコーヒーをつくることができ、消費者も適正な価格で高品質のコーヒーを購入できる状況を意味する。コーヒーの生産量は天候に左右され、取引価格は相場によって変動する。高品質な豆の生産を続けるためには、生産者が安心して栽培を続けられる環境整備が大切。

COEはブラジルで始まった

COEは1999年にブラジルで始まった。当時、コーヒーの国際価格は低迷しており、国連や国際コーヒー機関が、適正価格での取引を促していくために実施した。高品質のコーヒーを生産しても適正価格で買い取ってもらえなければ、生産者の生活は厳しく、質より量を重視するようになる。実際、そのような生産者も多かった。

ブラジルでの初のCOEには315の農園が参加。トップ10に選ばれた豆はインターネットオークションにかけられ、それまでの取引価格をはるかに上回る価格で落札された。その後、他の国でも開催されるようになった。

想定外のものが出てくる!?

紛らわしいメニュー

同じ名前のコーヒーを頼んでも、店によって別のものが出てくるケースがある。ここではそんな、紛らわしいメニューを紹介する。

モカ　3つのケースがある紛らわしい王者

モカ港

イエメン

エチオピア

case 1. 港の名前

イエメン西部にあるモカ港から出荷された豆。生産国はイエメンだったり、近隣のエチオピアだったりする。「モカ」だけではわかりづらいが、その下に地名がついているケースもあり、例えば「モカ・マタリ」はイエメン産、「モカ・シダモ」はエチオピア産。

case 2. 品種名

エチオピア原種の1つに「モカ」がある。とはいえ、ここまで細かい品種名で区別されて日本に入ってくることはほとんどない。

case 3. チョコレート入り

チョコレートを加えたものを「モカ」「カフェモカ」と呼ぶケースも少なくない。

～マウンテン　ブランド産地に多いコーヒー

名前に「マウンテン」とつくものは、特定の産地のブランドコーヒーをさすことがほとんどで、スペシャルティコーヒーではないものもある。山の名前から名付けられたコーヒーは他にもあり、「キリマンジャロ」はタンザニアの山の名前に由来する。

ブルーマウンテン

「マウンテン」とつくコーヒーのうち、最も有名なのは「ブルーマウンテン」だろう。ジャマイカ政府は、ブルーマウンテン山脈の標高800～1200mの地帯を「ブルーマウンテン地域」としており、ここで栽培されたコーヒーのみが「ブルーマウンテン」と称することができる。

エメラルドマウンテン

コロンビア産の高品質の豆をさす。「エメラルドマウンテン」という山があるわけではなく、コロンビアではエメラルドが採れることから、こう呼ばれる。

クリスタルマウンテン

キューバの特定産地の豆をさす。「クリスタルマウンテン」という山があるわけではなく、産地のエスカンブライ山脈では水晶が採れることから、こう呼ばれる。

コロンビア　生産国名も品種名も

メニューに「コロンビア」と表記されている場合、産地をさすケースが多い。ただ、「コロンビア」という名の品種もある。この品種はコロンビアで栽培されることが多く、「コロンビア産コロンビア」というコーヒーもある。

日本人はコーヒー好き？

データで見る日本のコーヒー事情

日本のコーヒー消費量は、世界でもトップクラス。消費する総量、国民一人あたりの消費量とも、上位に入っている。では、その実態は？ 各種データで日本のコーヒー事情を紹介する。

コーヒー生豆の国別輸入量

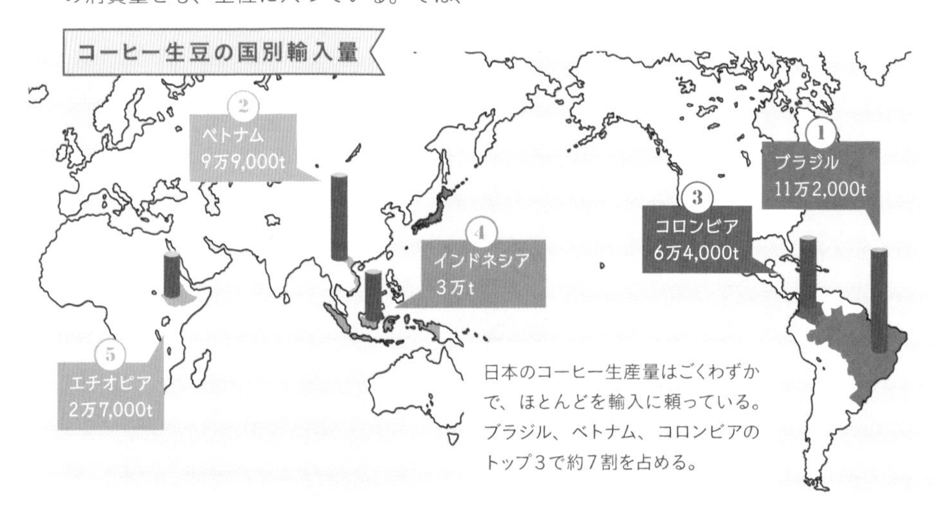

日本のコーヒー生産量はごくわずかで、ほとんどを輸入に頼っている。ブラジル、ベトナム、コロンビアのトップ3で約7割を占める。

世界のコーヒー消費量

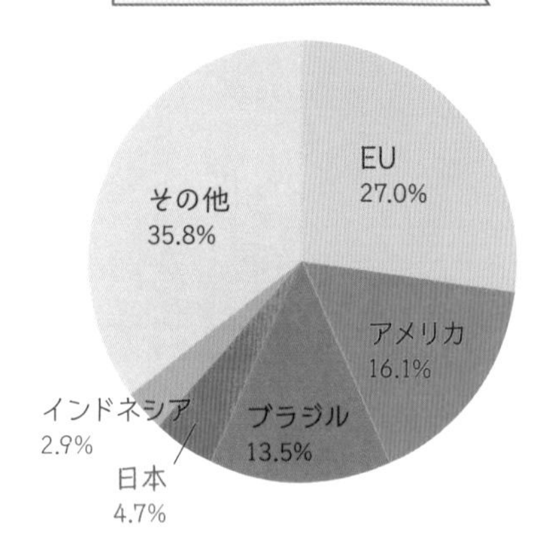

EUを国別にみると、ドイツやフランス、イタリアが多い。日本も世界有数で、アジアではトップ。生産国ではブラジルが最も多い。

国民一人あたりの年間コーヒー消費量

国	消費量
ノルウェー	8.2kg
スイス	7.9kg
ブラジル	6.3kg
EU	5.2kg
アメリカ	4.9kg
日本	3.7kg

EUの中では、ルクセンブルクやフィンランドが多い。日本の3.7kgは300杯程度に相当する。こちらも、生産国ではブラジルが最も多い。

日本のカフェ・喫茶店数

日本のカフェ・喫茶店事情をみていく。店の数は、人口が多い大阪、愛知、東京がトップ３。ただ、人口に対する喫茶店の数になると状況は変わる。1万人あたりの喫茶店数の1位は高知で、２位は岐阜。両県とも喫茶店のモーニングメニューが充実しており、喫茶店で朝食をとる文化が根付いていることが大きい。

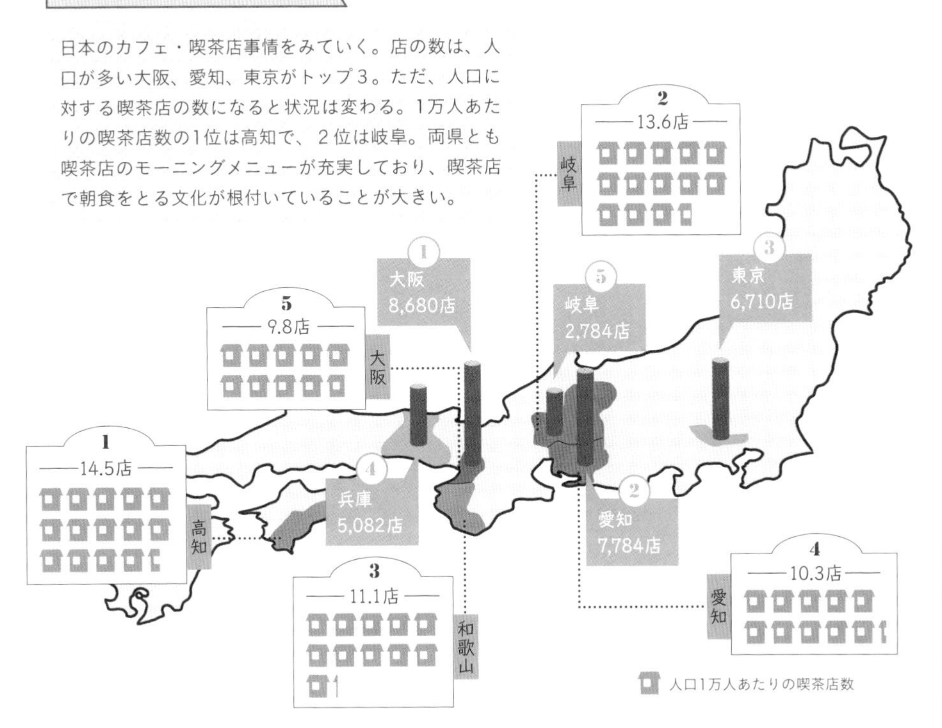

1週間あたりの性別・年代別のコーヒー飲用量と飲用場所

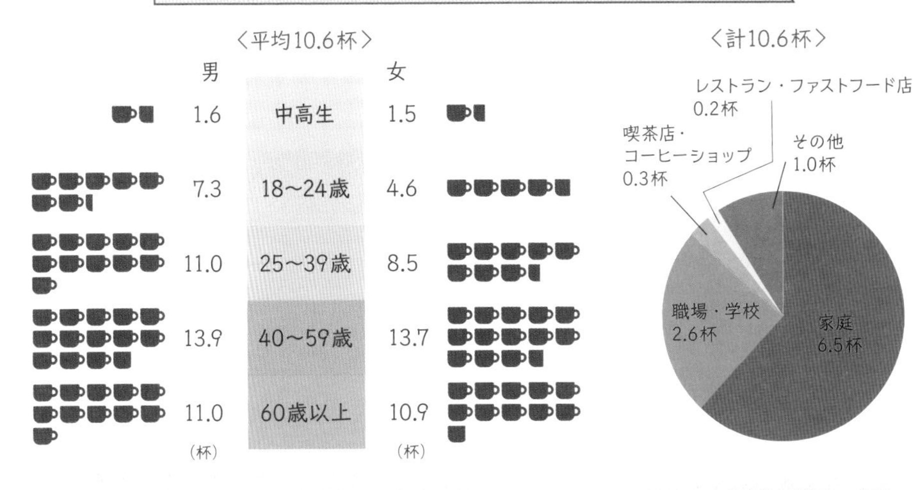

日本人が1週間に飲むコーヒー杯数の平均は10.6杯。この内訳を年齢別、男女別にみると、最もコーヒーを飲んでいるのは男女ともに40〜59歳。次いで60歳以上、25〜39歳となる。各年代とも、女性よりも男性の方が多い。

コーヒーを飲む場所は、家庭が半分以上。次いで職場や学校が多い。お店で飲むのは２週間に1回程度が平均だ。

COLUMN 3

飲み方多彩！ フードペアリングもオススメ

日本ではドリップコーヒーが人気、イタリアではエスプレッソが主流、ベトナムではコンデンスミルクを入れて飲む……と、コーヒーの飲み方は国や地域によってさまざま。ここではコーヒー発祥のエチオピア、特徴的なトルコの飲み方を紹介しよう。

エチオピア　コーヒーセレモニーでもてなす

コーヒー産地には、国内ではあまり飲まれずに大半を輸出する国が多い。だが、エチオピアは国内消費も多い。コーヒーが生活に根付いており、日常的に家族や友人、近所の人とコーヒーを楽しんでいる。冠婚葬祭や客をもてなす際には、「コーヒーセレモニー」が行われている。コーヒーセレモニーは、伝統衣装に身を包んだ女性が生豆をフライパンで炒り、すりこぎですり潰し、鍋で抽出してコーヒーを振る舞う。

トルコ　水から煮立てて上澄みを飲む

トルコのコーヒーは「トルココーヒー」「ターキッシュコーヒー」と呼ばれ、細かく挽いたコーヒーの粉を水で煮立てて上澄みだけを飲む。イタリアでも、エスプレッソが登場・普及する前はこの方法で飲まれていた。飲み終わった後、コーヒーカップを逆さまにしてソーサーの上に載せて粉が乾くまで待ち、底に残った粉の形で運勢をみる「コーヒー占い」をすることもある。

コーヒーは単体で飲んでも美味しい。ただ、パンやスイーツとの相性も抜群で、お互いがお互いを引き立ててくれる。酸味の種類、苦味や甘みの強弱などによってペアリングを楽しむのもオススメ。

酸味にマッチ

フルーティーな酸味が立つ浅〜中煎りには、フルーツタルトがピッタリ。クッキーなどの焼き菓子もあう。

苦味にマッチ

しっかりとした苦味がある深煎りやエスプレッソには、甘みがありビターなチョコレートがマッチする。

ミルクにマッチ

ミルクを入れたカフェラテやカプチーノは、乳製品のバターを使ったクロワッサンなどと相性がよい。

ここではコーヒーにあうフードの例を挙げたが、コーヒーが産地や生産処理方法で味わいが異なるように、例えばチョコートもカカオ含有量などで味わいは異なる。フルーツタルトも使うフルーツによって酸味の種類・強弱が変わる。フードにあわせてコーヒーを選んでも楽しい。

また、チーズ、ようかんなどの和菓子もコーヒーにあうので、さまざまなペアリングを試してみるのも面白い。

第4章

抽出方法で広がる味の世界

コーヒーの旅のゴールは抽出。
コーヒーが持つさまざまな味わいを堪能しようと
多くの抽出方法、器具が生み出されてきた。
それぞれの仕組み、味わいの特徴をおさえると
コーヒーの世界は広がっていく。

コーヒー器具って
たくさんあるなあ
まずは
ドリッパー
から…
ドリッパーは形も素材も
たくさんあるんだ…

いろいろ見すぎて
よくわからなく
なってきた……
気分を変えよう
と思ったけど
やっぱりコーヒー
飲もう
気付いたら
ここに来てるなあ
NATSUME COFFEE
今のボクに
ぴったり!?
飲み比べ
セット
オススメ!
ごゆっくりどうぞ
ドリップ
コーヒー
美味い
これも
美味い
フレンチ
プレス
全部
美味しい
そして
サイフォン
コーヒー
3杯とも
同じ豆
なのに
どれも
味わいが
違う!!

抽出のメカニズム

コーヒーを飲むために欠かせない「抽出」とは、科学的にみると、コーヒーに含まれている可溶性の成分をお湯や水に溶け出させることだ。

豆のままだと、水分はなかなか内部まで浸透せず、成分が溶出しにくい。そのため、粉砕して粉状にしてから行う。

抽出方法や器具によって抽出のメカニズムは異なり、そのため味わいも変わる。抽出方法は大別すると「透過法」と「浸漬法」がある。「加圧法」など、どちらとも言い切れない方法もある。

抽出のイメージ図

STEP 1

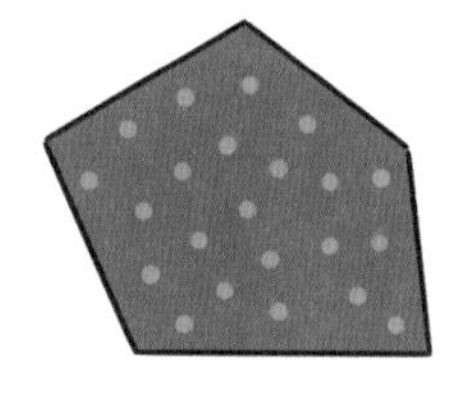

コーヒーの粉に
お湯や水をかける

STEP 2

一定時間経つと

STEP 3

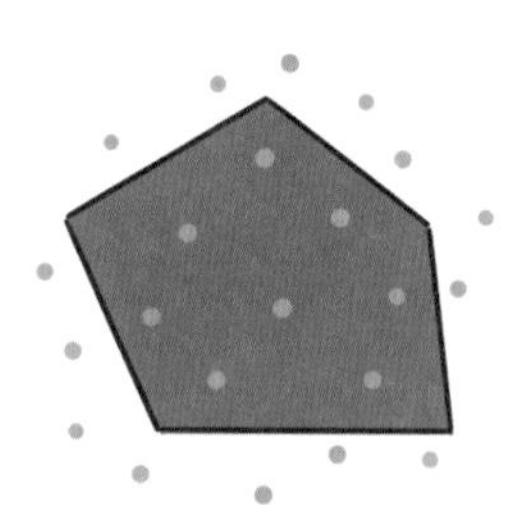

コーヒーの成分が
溶け出てくる

透過法

お湯を断続的に粉に注ぐ

コーヒーの粉にお湯を注いで成分を引き出す抽出方法で、ペーパードリップが代表的。断続的にお湯をかけ続けるため、成分を引き出しやすい。お湯と粉の触れ具合によって抽出される成分の種類や量が変わるため、抽出技術によって味に違いが出る。

代表的な方法 ペーパードリップ

浸漬法

お湯に粉を浸す

浸漬とは液体に漬け浸すことで、コーヒーの粉を抽出したいお湯に浸して成分を引き出す。フレンチプレスなどが挙げられる。フレンチプレスの場合、お湯と粉の触れ具合を安定させやすいため、技術による味の違いは少ない。

代表的な方法 フレンチプレス

加圧法

加圧しながらお湯を粉に注ぐ

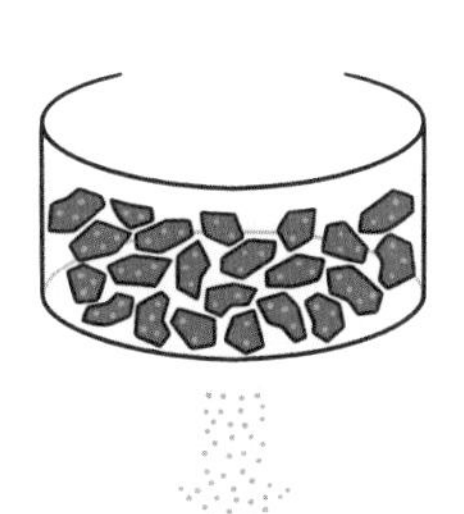

コーヒーの粉に、圧力をかけながらお湯をかけて短時間で成分を引き出す。最も一般的な方法はエスプレッソ。透過法や浸漬法に分類されることもある。お湯と粉をうまく接触させることが難しく、ペーパードリップ以上に抽出技術が必要。

代表的な方法 エスプレッソ

抽出方法にあわせた粉の挽き目の調整

抽出によって成分を引き出す力を抽出力という。抽出力が強いと素早く成分を引き出し、弱いとじっくり引き出す。P127で紹介した方法の中で最も抽出力が強いのは、加圧法。コーヒーの粉に、高圧のお湯をかけて短時間で抽出するためだ。次いで、お湯を断続的にかけ続ける透過法。大量のお湯に粉を浸ける浸漬法は、最も弱い。

コーヒー豆の挽き目は、抽出力やメカニズムにあわせて調整しよう。透過法は抽出力が強く、粉が細かいとえぐみも出やすくなるため、粗挽き〜中挽き程度がオススメ。浸漬法は、成分が一定量溶け出すとそれ以上は溶出しづらいため、表面積が大きくて成分を効率よく引き出せる細挽きがオススメだ。加圧法は抽出時間が短く、一気に成分を引き出す必要があるので、さらに細かく挽いて表面積を大きくしたい。

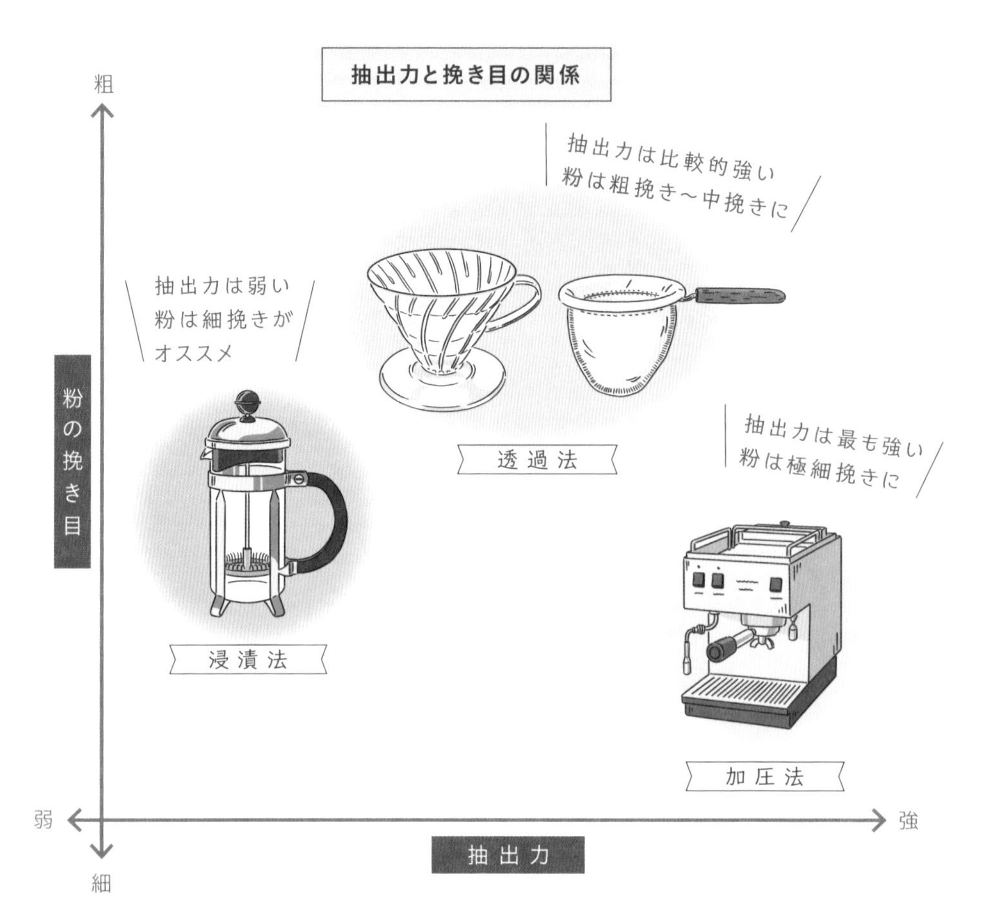

透過法の代表：ペーパードリップ

透過法の代表といえば、ドリップ。その中でも、日本でとりわけ人気が高いのはペーパードリップだろう。家庭でもお店でも定番だ。

ドリッパーにはさまざまな種類があり、それぞれ構造が異なるため、抽出するコーヒーの味わいも変化する。ここでは、比較的メジャーな６種類のドリッパーの構造と味わいを紹介する。といっても、豆の種類などで味わいは変わる上、抽出の際の工夫によって味の調整は可能。「狙いやすい味」の参考として捉えてほしい。

主なドリッパーと味わいの関係

主なドリッパーの特徴

形状

円錐形

ドリッパーから均一にお湯が抜けやすく、
スッキリとした味わいになる。

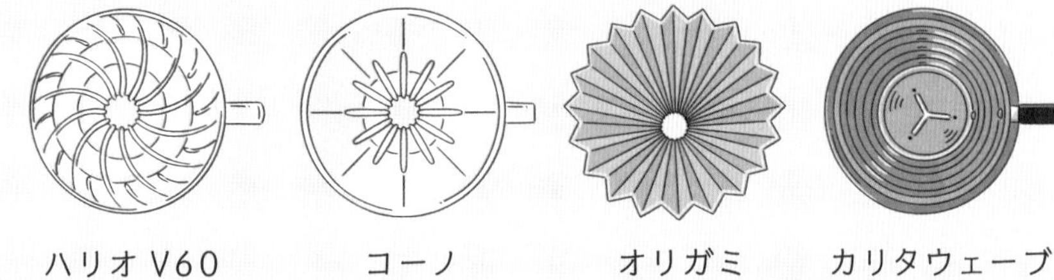
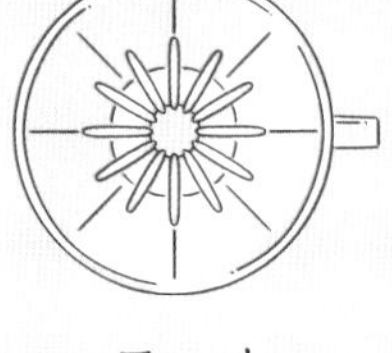

ハリオ V60　コーノ　オリガミ　カリタウェーブ

穴の大きさ

大

ドリッパーからお湯が落ちるスピードが速くなり、
スッキリとした味わいになる。

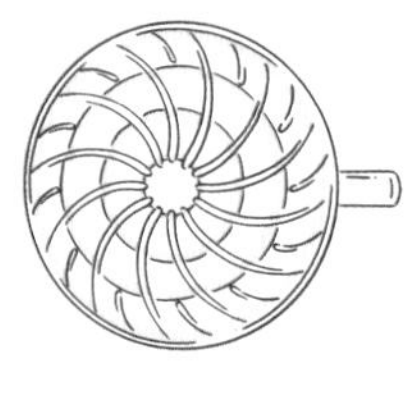
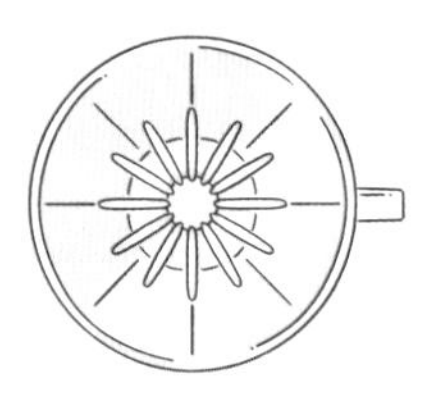

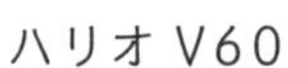

ハリオ V60　コーノ　オリガミ

穴の数

1つ穴

穴の大きさが大きいものは、構造上、全て穴は1つ。

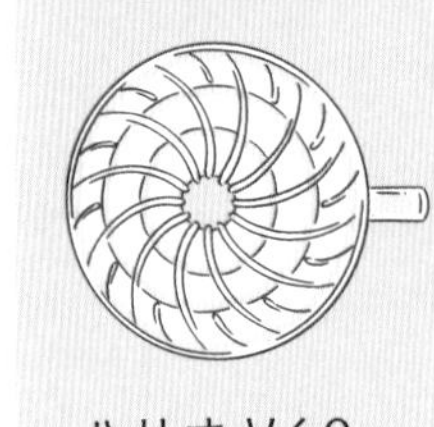
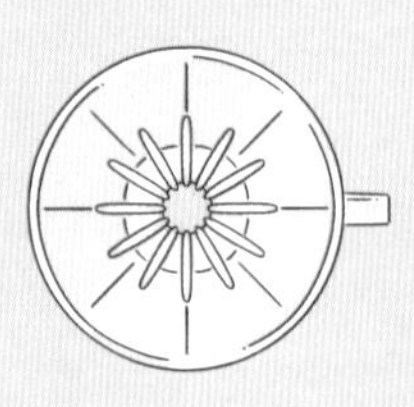

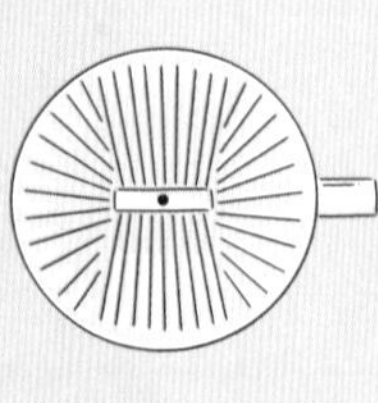

ハリオ V60　コーノ　オリガミ　メリタ 1つ穴

ドリッパーにより、形状、穴の大きさや数、リブの形などが異なる。リブとは、ドリッパーの内側に付いている溝のことで、ドリッパーとフィルターの間に空気が通る空間をつくる。構造により、お湯がドリッパー内に滞留する時間、ドリッパーからのお湯の抜け方が変化し、味わいに特徴が出る。6種類のドリッパーについて紹介する。

台形

ドリッパーにお湯が滞留するため、
どっしりとした味わいになる。

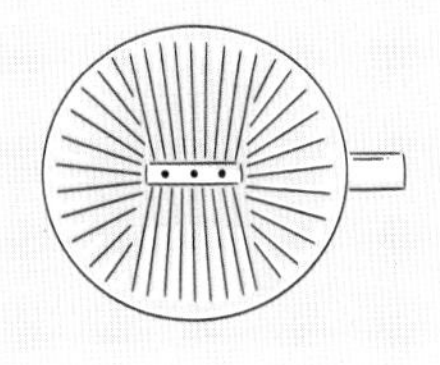
カリタ3つ穴

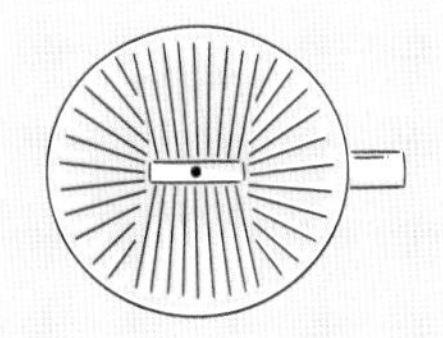
メリタ1つ穴

ドリッパーからお湯が落ちるスピードが遅くなり、
どっしりとした味わいになる。

カリタウェーブ

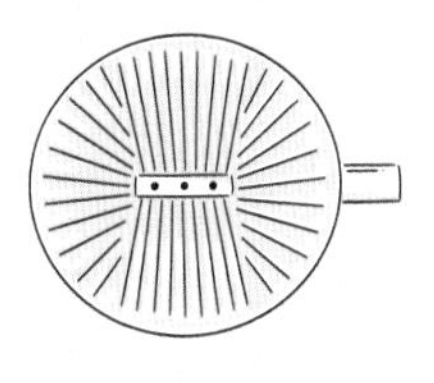
カリタ3つ穴

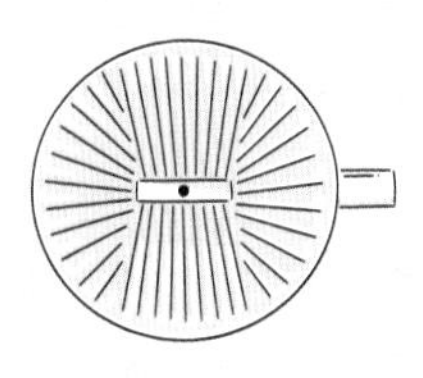
メリタ1つ穴

3つ穴

いずれのドリッパーも穴の大きさは小さい。

カリタウェーブ

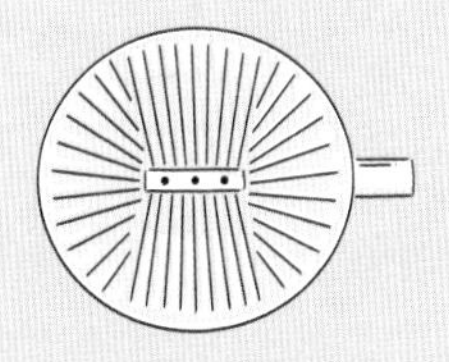
カリタ3つ穴

No.01

ハリオV60

透明感のある味わい

穴が大きく、リブがスパイラル状になっているため、ドリッパーからの湯通りが速い。えぐみなどが出にくく、透明感のあるスッキリした味わいに仕上げやすい。日本のコーヒー器具メーカー「ハリオ」が発売し、世界中で人気を博している。

形　状	円錐形
穴の大きさ	大
穴の数	1つ穴

No.02

コーノ

スッキリした味わい

構造はV60と似ているが、リブが短く、直線状になっている。そのためV60よりもお湯の抜けが少し遅くなり、スッキリしつつもボディ感が出て、バランスのよい味わいになる。日本の「珈琲サイフオン株式會社」が開発した、円錐形フィルターの元祖。

形　状	円錐形
穴の大きさ	大
穴の数	1つ穴

No.03

カリタウェーブ

バランスよい味わい

側面が波状になっている専用のペーパーフィルターを使う。ドリッパーもフィルターも底面が平らなので、お湯と粉が十分に接触しやすく、バランスのよい味わいになる。日本のコーヒー器具メーカー「カリタ」が製造している。

形状	円錐形
穴の大きさ	小
穴の数	3つ穴

No.04

オリガミ

クリアな味わい

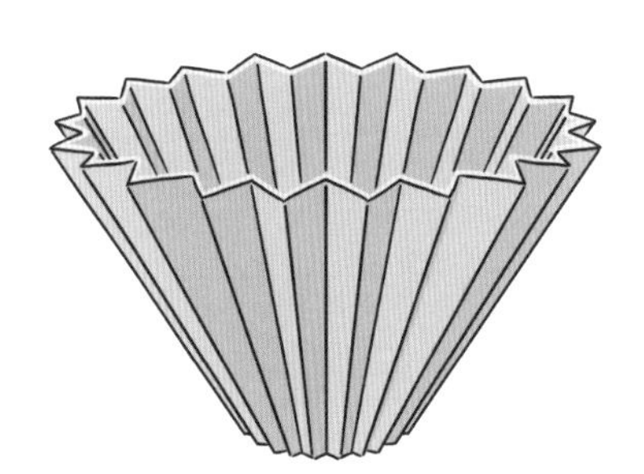

円錐の側面が、リブと一体になった凹凸のある形で、お湯と粉が接触しやすい。とはいえお湯が落ちるスピードが速いため、クリアな味に仕上げやすい。名古屋のコーヒーショップ「トランクコーヒー」のバリスタが開発した。

形状	円錐形
穴の大きさ	大
穴の数	1つ穴

No.05

カリタ3つ穴

ボディ感ある味わい

台形状であるため、お湯の通りはややゆっくり。カリタウェーブと似た構造だが、よりボディ感のある味わいに仕上げることができる。ウェーブと同じく、「カリタ」が製造販売している。

形状	台形
穴の大きさ	小
穴の数	3つ穴

No.06

メリタ1つ穴

どっしりとした味わい

小さな1つ穴のため、6種類の中で最もお湯の抜けが遅い。お湯と粉が長時間接するため、どっしりとした味わいになる。世界で初めてペーパードリッパーを開発したドイツの会社「メリタ」が製造販売している。

形状	台形
穴の大きさ	小
穴の数	1つ穴

その他の透過法

粉にお湯を注いでいく透過法には、ペーパードリップ以外にもいくつか方法がある。その中でも、喫茶店などで比較的使われているクレバードリッパーとネルを紹介する。

クレバードリッパー

浸漬法に近い抽出法

ドリッパーの底面にふたがついている。ドリッパーに台形フィルター、コーヒーの粉をセットしてお湯を入れ、しばらく経ってからサーバーなどの上に置くと、ふたが開いてお湯が落ちる仕組み。「ドリッパー」と名がつくが浸漬法に近く、透過法と浸漬法のハイブリッドといえる。台湾の会社が開発した。

ネル

トロッとした舌触りに

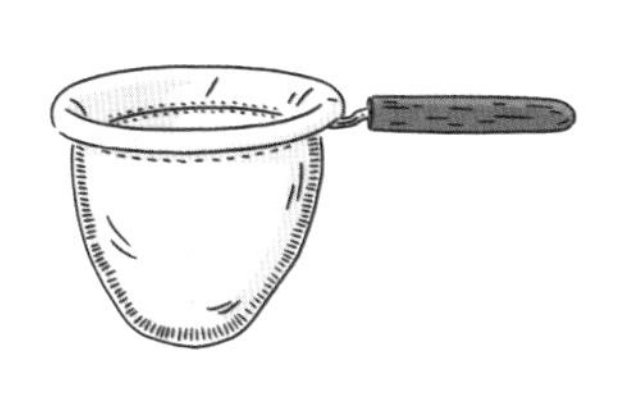

起毛のある柔らかな布の「ネル」に粉をセットして抽出する。ネルは、ペーパーフィルターに比べて目が粗く、より多くの成分が通り抜ける。そのため、トロッとした舌触りで独特の重みのあるコーヒーに仕上がる。水に漬けて冷蔵庫で保存する必要があり、扱いや手入れに手間がかかる。

ペーパーフィルターも味わいに影響

ペーパーフィルターもあなどるなかれ。パルプの素材によってお湯を通すスピードが異なり、同じ条件で抽出しても味わいは変化する。同じ商品でも、製造ロットによってお湯の抜けが微妙に変わることもある。

また漂白タイプ、無漂白タイプとあるが、漂白タイプをオススメしたい。無漂白だと、紙のにおいがコーヒーに移りやすいためだ。抽出前にフィルターの上からお湯をかけるのは、紙のにおいがコーヒーに移ることを防ぐ目的もある。紙は室内のにおいを吸着しやすいので、開封後は早めに使い切るのがオススメ。

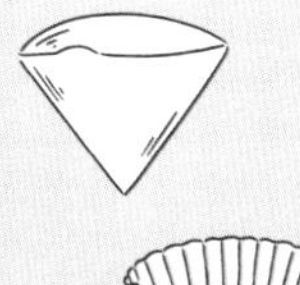

持ち味を丸ごと抽出：浸漬法

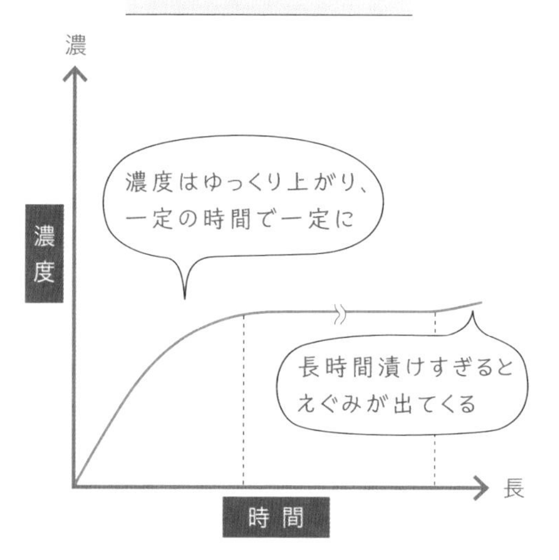

浸漬法は、抽出するお湯全量にコーヒーの粉を漬けて成分を引き出す方法。一定量の液体に溶け出す成分量には上限がある。そのため抽出開始後、コーヒーの濃度はゆっくり上がり、ある濃度に達するとそれ以上、溶けることはない。抽出力が弱いため、えぐみは出にくい。

透過法ではフィルターに付着して取り除かれる成分があるが、浸漬法では全成分が溶け出る。そのためコーヒーに含まれるオイルも含め、コーヒーの味を丸ごと楽しむことができる。

フレンチプレス　コーヒーオイルも楽しめる

コーヒーの粉をお湯に漬ける手軽な方法で、誰でも美味しく仕上げやすい。コーヒーオイルも含め、コーヒーの成分を丸ごと抽出できる。名前が示すように、フランスで一般的な抽出器具。日本では紅茶に用いられることが多いが、本来はコーヒー器具として開発された。成分を丸ごと楽しめる上、他の抽出方法に比べて長時間漬けておけるため、試飲に用いるコーヒーショップも多い。

浸漬法には、浸漬法と加圧法のハイブリッドといえる「エアロプレス」、高温のお湯で抽出する「サイフォン」もある。

エアロプレスは近年、人気が高まっている。一方でサイフォンは、日本の喫茶店の長年の定番だ。

エアロプレス

浸漬法と加圧法のハイブリッド

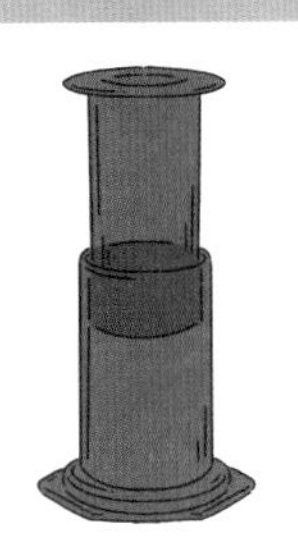

コーヒーの粉、お湯全量をセットしてから、注射器のように圧力をかけて抽出する。浸漬法と加圧法のハイブリッドといえる。抽出時間が短いため味わいはスッキリとしているが、圧力をかけるためボディ感を出すこともできる。大会などでは自分流にアレンジした方法で抽出する人も多い。

サイフォン

重みのある味わい

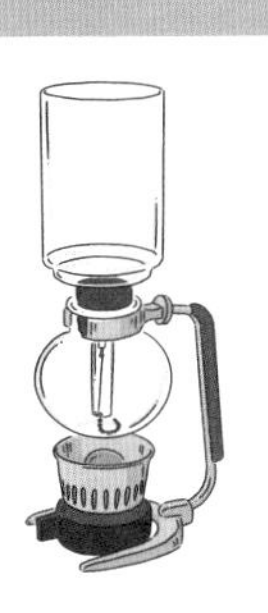

上部のロート内で、コーヒーの粉、お湯全量を接触させて成分を引き出す。下部のフラスコに入れたお湯は、熱を受けて沸騰するとロートに上がってくるので、お湯と粉をなじませるため攪拌する。高温のお湯で、短時間で成分を引き出すため、やや重みのある味わいに仕上がる。

お手軽フレンチプレス

フレンチプレスの器具がなくても、「フレンチプレス風」のコーヒーを楽しむことができる。例えば、急須やサーバーにお湯と粉を入れても、カップに直接お湯と粉を入れてもOK！ 飲む前に茶こしやドリッパーで粉をこし、粉がカップに入らないようにするのもオススメ。

フレンチプレスの淹れ方

01 粉をセット

ふたをとってコーヒーの粉をセットする。器具を軽く揺すり、粉を平らにする。

Advanced Recipe

焙煎度合いで使用量を変える

一般的なレシピでは100gのお湯に対して中〜粗挽きの粉6〜7gを用いる。井崎流レシピでは、粉は細挽きにし、使用量を焙煎度合いによって変える。100gのお湯に対し、浅煎りは7g、深煎りは6gセットしよう。

04 2湯目を注ぐ

粉の膨らみが落ち着いて液面が下がってきたら、2湯目を注ぐ。

05 ふたをする

お湯を注ぎ終わったら、ふたをする。

ここでは一般的なレシピを紹介する。より美味しく味わうため、焙煎度合いによって使う粉の量を変えたり、飲む前に茶こしでこしたりと、レシピにアレンジを加えるのもオススメだ。

02 1湯目を注ぐ

粉全体にかかるように、ポットの半分くらいの高さまでお湯を注ぐ。タイマーを4分にセットする。

03 蒸らす

粉がプクプク膨らんでくるので、じっくり蒸らす。注湯、蒸らしがうまくいくと、上からガスを含む泡、粉、液体の3層にわかれる。

06 プランジャーを下げる

4分たったら、ふたの上のプランジャーをゆっくり下げる。これで完成！

Advanced Recipe

飲む前に茶こしでこす

フレンチプレスの難点は、粉が口に入ってしまうこと。飲む前に茶こしでこすとよいだろう。またプランジャーを下げると粉が攪拌されてしまう。しばらく置いておくと粉は沈むので、プランジャーを下げずに飲んでもよい。

エアロプレスの淹れ方

01 お湯を注ぐ

器具に粉などをセットして、お湯を注ぐ。

02 蒸らす

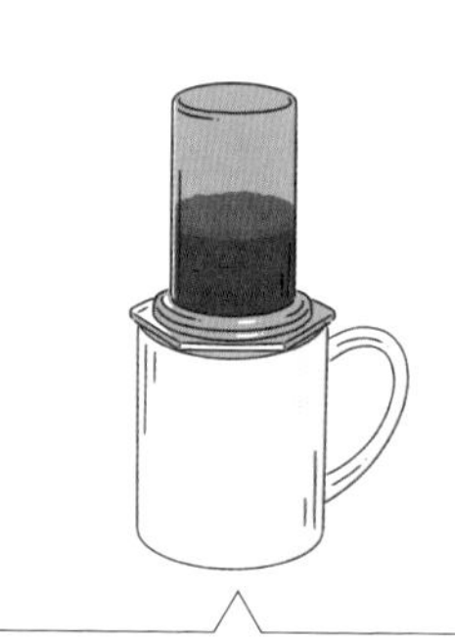

粉がプクプク膨らんでくるので、蒸らす。

サイフォンの淹れ方

01 器具、粉をセット

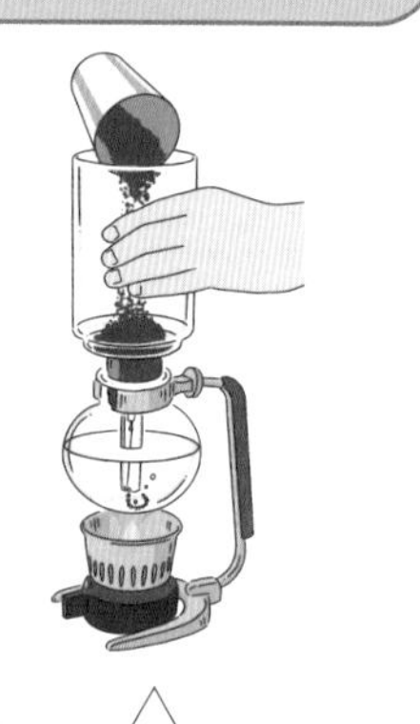

下部のフラスコにお湯をセットし、ヒーターで温める。沸騰してきたら、粉を入れたロートをフラスコに差し込む。

02 攪拌する

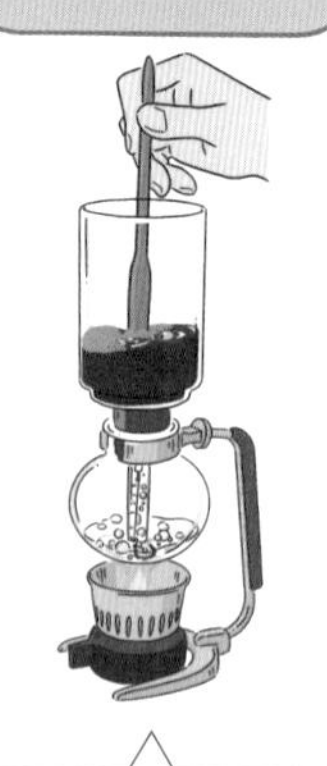

ロートにお湯が上がってきたら、ヘラで攪拌して粉とお湯をよくなじませる。

ここではオーソドックスな抽出方法を紹介する。器具を逆さにして抽出する「インバート方式」もよく用いられ、お湯を2回にわけて注いだり、かき混ぜる回数を変えたりと、さまざまなアレンジレシピがある。

03 パドルでかき混ぜる

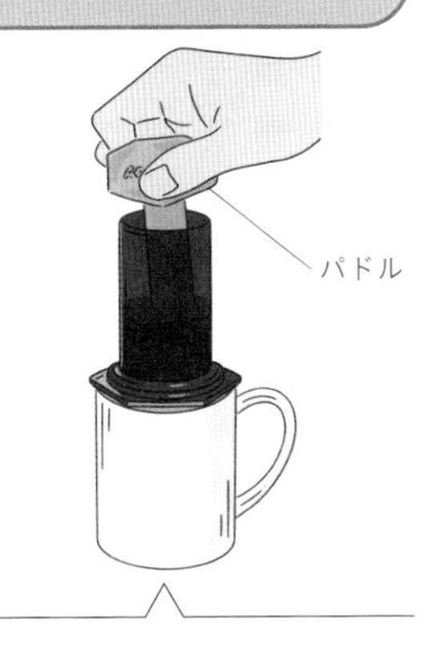

パドルで円を描くようにかき混ぜる。

04 ゆっくりプレス

プランジャーをセットし、ゆっくりプレスしていく。

ここではオーソドックスな抽出方法を紹介する。
攪拌の仕方で味わいが変わる。

03 ヒーターを外す

抽出が進むのをしばし待つ。うまく攪拌できると、上からガスを含む泡、粉、液体の3層にわかれる。その後、ヒーターを外す。

04 2回目の攪拌

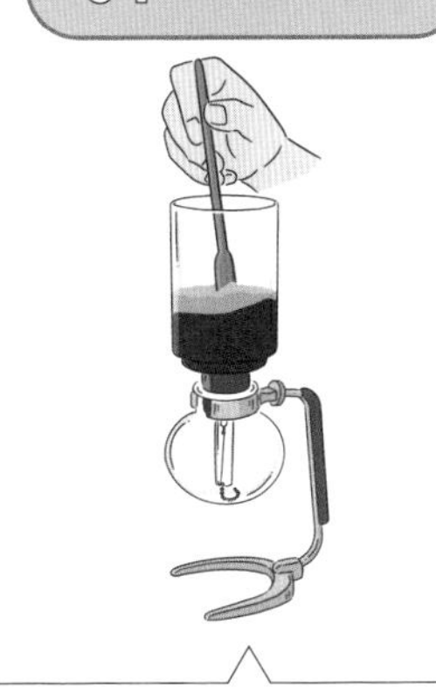

コーヒーがフラスコに落ち始める前に、再度、攪拌する。コーヒーがフラスコに落ちきったら完成だ。

加圧しながら抽出：加圧法

エスプレッソは加圧しながら抽出するため、コーヒーのオイルが乳化し、まったりとした口あたりになる。また抽出力が強いので、苦味や濃厚さが際立つ。とはいえ、高品質の豆を使って適正に抽出されたエスプレッソは甘みや酸味、アロマも感じられる。

ただ苦いだけのエスプレッソに出会うこともあるだろうが、それはエスプレッソの抽出が難しいためだ。イマイチなエスプレッソは、豆の品質か、抽出技術に問題がある。

エスプレッソの淹れ方

01 粉をセット

極細挽きの粉を、専用のバスケットに入れる。これを「ドーシング」という。バスケット全体に、粉が均等に入るようにセットする。

02 粉を固める

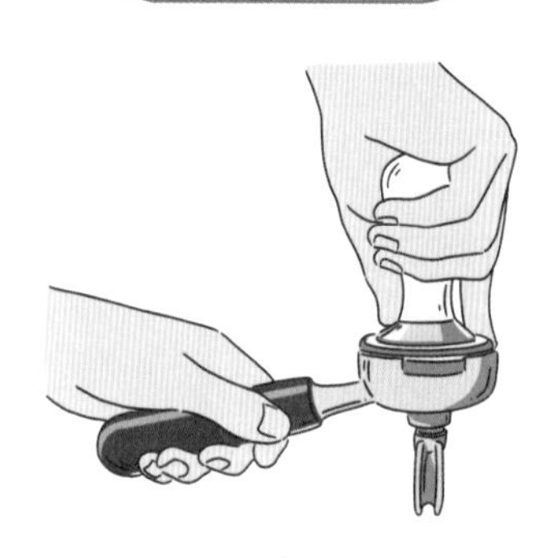

バスケット内の粉を、手や専用の器具で平らにし、「タンパー」という器具を使って押し固める。前者を「レベリング」、後者を「タンピング」という。

エスプレッソの味わいに影響する要素は多い。とりわけ影響が大きいのは、お湯の温度、圧力、抽出時間の３つ。バリスタは調整を繰り返し、抽出レシピを決めていく。

日本では、エスプレッソは自宅よりもお店で飲む方が一般的だろう。カップの見た目で、適正に抽出されたかどうか、ある程度は判断できる。抽出に成功したエスプレッソは、「クレマ」と呼ばれる泡の層が液面全体にきれいに浮かぶ。そうではないものはクレマがまばら。

POINT

湯温 内臓ボイラーで湯を沸かし、ポンプで湯に圧力をかけて注ぐ。温度を一定に保つことが美味しく抽出するコツ

圧力 強すぎると抽出しすぎ、弱すぎると抽出不足に

抽出時間 短時間で抽出するので、１秒の違いで味は大きく変わる

成功例

表面にきれいなクレマの層があり、苦味に加え、甘みや酸味がある

失敗例

表面のクレマがまばら。苦味が強く、バランスが悪い味わい

ここではオーソドックスな抽出方法を紹介する。
粉のセット具合によっても味わいは変わる。

03 抽出スタート

最初に少しお湯を流して給湯口付近を温めたら、ホルダーをセット。ボタンを押して、抽出スタート。

04 抽出ストップ

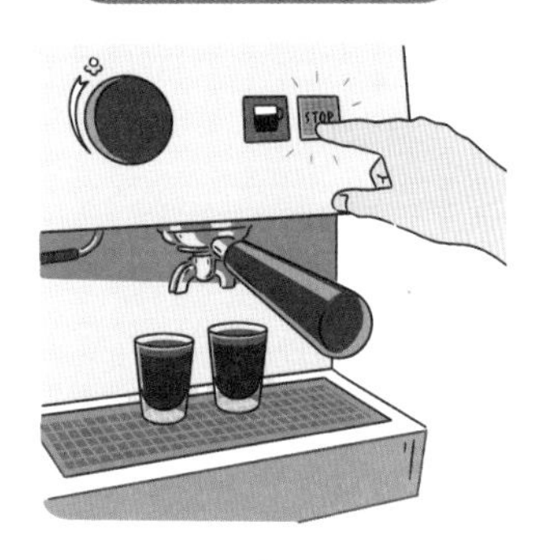

カップに落ちてくる液体の重量や体積を確認し、目的量まで落としたら抽出を終える。

エスプレッソ+ミルク

エスプレッソにミルクを加えたドリンクには多くの種類がある。ここでは、定番の「カプチーノ」や「カフェラテ」を紹介しよう。ともにイタリア生まれで、本来は異なる状態のミルクを加えるが、店によってカプチーノを「カフェラテ」としていることも、その逆もある。

カプチーノやカフェラテの表面には、ミルクでハートやリーフなどの可愛らしい絵が描かれていることもある。これは「ラテアート」や「デザインカプチーノ」と呼ばれ、見た目にも楽しい。

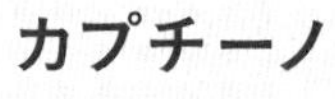

カプチーノ

－Cappuccino

エスプレッソに、蒸気で温めたスチームドミルク、空気を混ぜ込んで泡立てたフォームドミルクを加えるのが一般的。チョコレートを入れたり、ココアパウダーを振りかけたりすることもある。

フラットホワイト

－Flat White

主に、オーストラリアやニュージーランドで親しまれている。ダブルショットのエスプレッソに、ミルクを加えるのが一般的。ただ、レシピはカフェラテと同様で、ガラスなどカフェラテとは異なるカップを使ったものをフラットホワイトとしている店もある。

カフェラテ
ーCaffe Latte

イタリア語で「カフェ（caffe)」はコーヒー、「ラテ（latte)」はミルクの意味。エスプレッソに、スチームドミルクを加えるのが一般的。店によってはカフェオレが出てくることもある。

カフェオレ
ーCafe au Lait

紛らわしいのが、カフェオレ。ドリップしたレギュラーコーヒーに、鍋で温めたミルクを加えるのが一般的。カフェラテよりコーヒーの味わいがマイルド。

エスプレッソ＋お湯も

　エスプレッソ独特の風味を、マイルドに楽しむことができる飲み方もある。エスプレッソにお湯を加えるのだ。抽出したエスプレッソにお湯を加える「アメリカーノ」や、お湯を入れたカップにエスプレッソを注ぐ「ロングブラック」などで、ドリップコーヒーに近い濃度になる。

エスプレッソ+アルコール

コーヒーはアルコールとあわせても、味わい深い。コーヒーならではのほろ苦さ、フルーツのような酸味は、アルコールとも相性がよいのだ。

近年、カフェでもバーでも、コーヒーカクテルを提供する店が増えている。一人でリラックスする時に、あるいは大切な人とのひと時にいかが。

エスプレッソマティーニ
—Espresso Martini

マティーニは、ジンをベースにベルモットを加えるのが一般的だが、エスプレッソマティーニはウォッカをベースにエスプレッソをあわせることが多い。果実やチョコレートのリキュールを加えることもある。

このほか、モヒートにしたり
ジンを加えたり
さまざまなアレンジがある

シェケラート
—Shakerato

アルコールは加えないが、シェーカーでカクテル風につくる冷たいコーヒー。イタリアの夏場に人気。エスプレッソ、砂糖やガムシロップ、氷を入れたシェーカーを振ってつくる。

お手軽抽出①：コーヒーバッグ

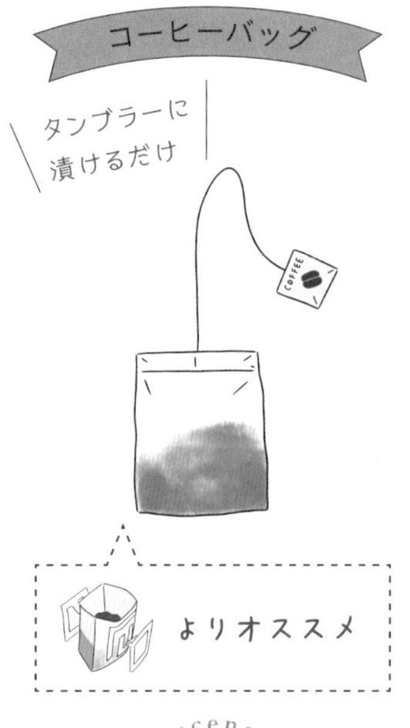

外出先でも手軽に美味しいコーヒーを飲むためには、「コーヒーバッグ」をオススメしたい。ティーバッグのように、コーヒーの粉が入ったメッシュの布袋だ。マグカップやタンブラーなどに一定時間漬けておけば、美味しいコーヒーが完成する。

紅茶や緑茶のティーバッグはよく見るものの、コーヒーバッグはなじみがない人もいるかもしれない。でも、とても合理的なのだ。というのも、浸漬法で抽出するのに等しいから。飽和状態になってからは成分がなかなか溶け出さないので、しばらく漬けっぱなしにしておける。紅茶やお茶のように、えぐみは出にくい。ドリップバッグよりオススメだ。

scene 1

オフィスで

朝、タンブラーにお湯とコーヒーバッグを入れて出勤すれば、オフィスで美味しいコーヒーを味わえる。

scene 2

アウトドアで

とても手軽なので、山やキャンプ場でもオススメ。アウトドアで飲むコーヒーは格別だろう。

お手軽抽出②：コーヒーメーカー

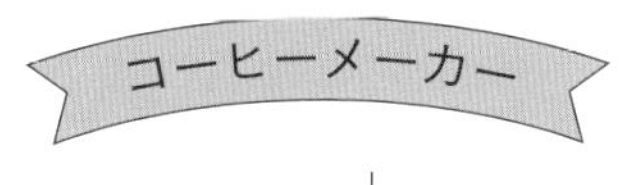

スイッチ1つで
本格的な味

全自動で抽出してくれるコーヒーメーカー。近年は製造開発に力を入れる会社が増えており、トップバリスタのレシピを搭載しているものもある。

オススメは、お湯の量や温度をきちんと設定できるタイプ。ただ、豆を挽いてくれる全自動タイプはオススメしない。

というのも、内蔵されているミルの性能があまりよくないからだ。性能が高いミルはそれだけでも高価なので、高性能ミルがついたコーヒーメーカーの製造は難しい。豆は別に挽くようにしよう。

scene 1

寝起きの一杯

ハンドドリップ派も、忙しい朝には便利。スイッチ1つで、目覚めの一杯を楽しむことができる。

scene 2

家族や仲間と一緒に

家族や仲間たちと飲むため、一度に何杯も抽出したい時には便利。オフィスでも活躍する。

COLUMN 4

コーヒーはこうして広がった

エチオピア原産のコーヒーは、どのように世界に広まっていったのか。ここでは二大原種といわれる品種のティピカとブルボンの軌跡を辿る。

ティピカ

エチオピアの高原に自生していたコーヒーがルーツとされる。15世紀ごろまでにはイエメンに伝わり、巡礼者によってインドに伝わった。15世紀半ばからの大航海時代に入ると、ヨーロッパやその植民地を中心に各地に広まっていった。

ブルボン

オランダの東インド会社が、イエメンからブルボン島（現在のレユニオン島）に持ち込んだコーヒーノキの品種が、のちにティピカの突然変異種だと判明。島の名前からブルボンと名付けられた。その後、東アフリカや中南米に広がっていく。

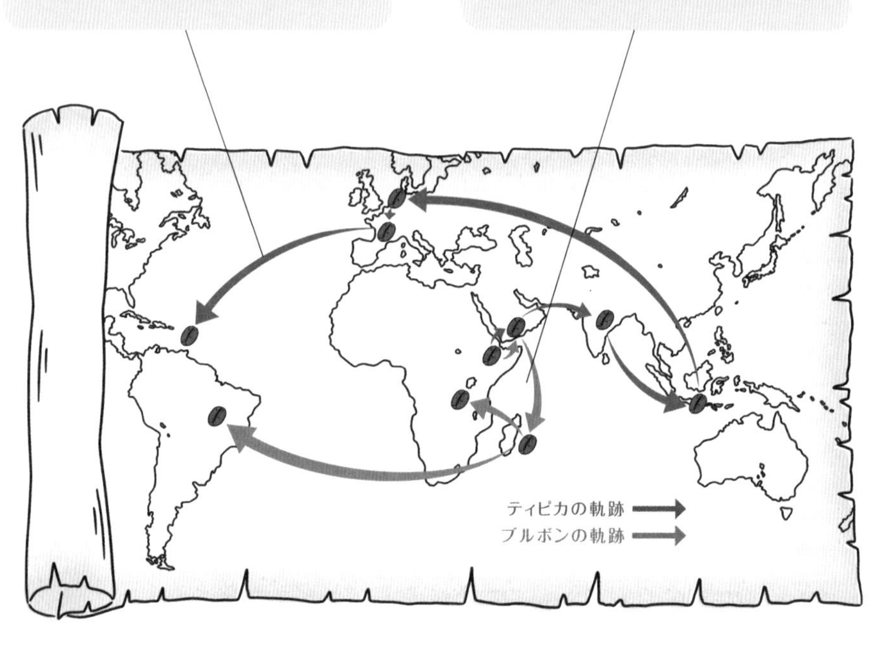

かつてイスラム修道者の秘薬だったコーヒーが一般の人々にも飲まれるようになったのは、15世紀前後からだといわれる。17世紀になると東インド会社などが輸入を手がけるようになった。そしてヨーロッパで広く飲まれるようになり、コーヒーハウスがイギリス、フランスなどに相次いで誕生。やがてアメリカ大陸にも広がり、中南米での生産も始まる。

コーヒーが普及するにつれ、さまざまな抽出器具が開発されていった。

21世紀になっても抽出器具の開発は続いている。エアロプレスは2005年に生まれた。ドリッパーにも新商品が誕生しており、2004年にハリオV60、2014年にはオリガミが生まれた。今後も新たな器具が誕生するかもしれない。

COLUMN 4

日本にコーヒーが伝わったのは江戸時代だといわれている。当時は鎖国中で、海外との貿易が唯一認められていた長崎・出島に伝わった。

明治になると、全国各地に次々と喫茶店がオープンし、次第にコーヒーが日常に溶け込んでいった。

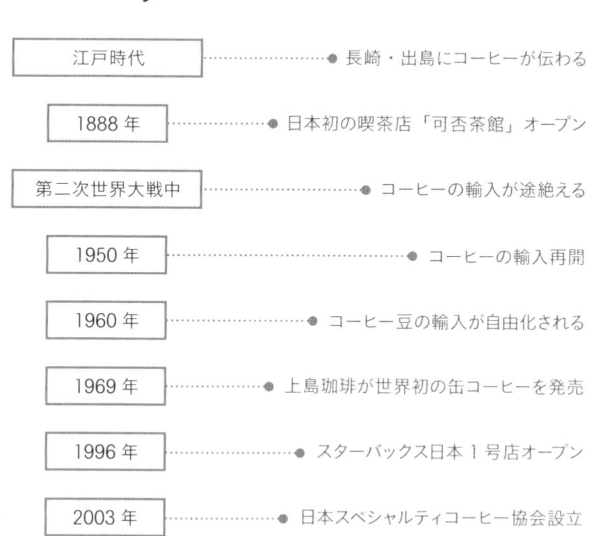

日本の国内消費量は、統計が残る1996年以降、増加傾向にある。1990年代後半のスターバックス上陸、2000年代に入ってからのコンビニコーヒー浸透などの影響が大きいといわれている。

またスペシャルティコーヒーが普及しつつあり、COEのカッパーを務める日本人も増えている。産地とダイレクトトレードしているショップも増えており、日本は高品質の豆が流通する世界有数の市場になっている。

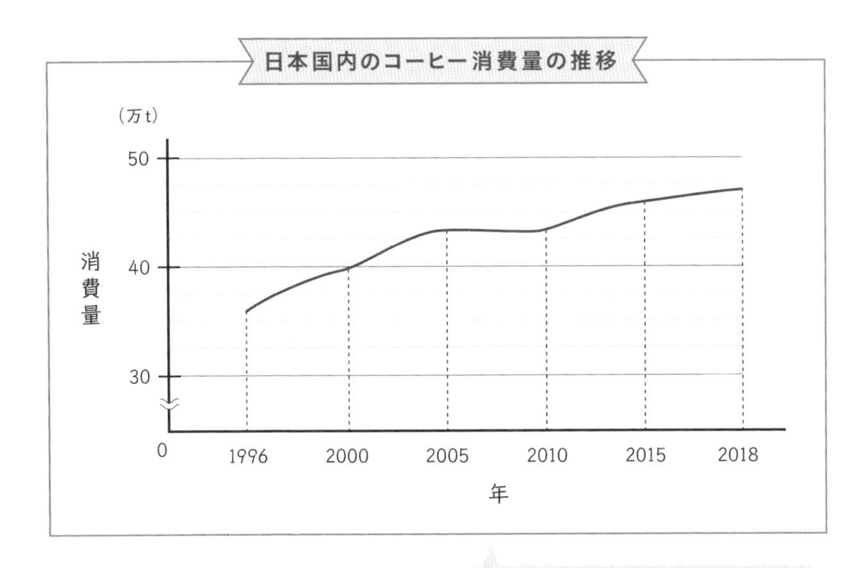

コーヒー消費量は右肩上がり

缶コーヒーは日本生まれ

缶コーヒーが世界で初めて発売されたのは1969年。UCCの創業者、上島忠雄氏のアイデアだった。当時は瓶入りのコーヒー牛乳が主流。上島氏はある日、駅の売店でコーヒー牛乳を買ったが、飲み終わる前に発車ベルが鳴ってしまう。瓶は返却するシステムだったため、飲み残さざるを得なかった。この時の「もったいない」という思いが、持ち運び可能な「缶入り」の開発につながった。

発売翌年に開催された大阪万博で好評を博し、その後、子どもから大人まで広く飲まれるようになった。発売当時は缶切りで開けて飲むタイプだった。

また、インスタントコーヒーを生み出したのも日本人。シカゴに住んでいた科学者が1901年にニューヨーク州で開かれた博覧会でお披露目したのだった。

第5章

プロの味に近づこう

どうして美味しく抽出できたのか
なぜイマイチだったのか。
抽出の成否には、必ず理由がある。
味わいに影響を与える要素を把握して
プロの味に近づこう。

今日は
美味しく
できた！

こんにちはー
あ、いらっしゃい
本日のオススメの
エチオピア浅煎り
お願いします
コーヒーで
みんなを
笑顔にして
バリスタって
本当にスゴい……
美味そう

次に揃えたいコーヒー器具

第２章（P42〜）で紹介した５点（ドリッパー、ペーパーフィルター、コーヒー用スケール、ドリップケトル、サーバー）の次に揃えたいのは、コーヒーミル。コーヒーは、挽きたてが最も美味しいからだ。粉にすると香りが飛び始め、品質劣化の速度が早まる。

ミルには、さまざまなタイプがある。選びたいのは、刃の性能がよく、粉の挽き目が揃うもの。刃の性能がよくないミルで挽くと、粒の大きさがバラつく上に大量の微粉が出てしまう。微粉はえぐみの原因。微粉が多いと、どんな抽出の達人でも美味しく淹れることは難しい。

高性能のミルは数万円と高価だが、一生ものだ。ミルは、数あるコーヒー器具の中で最もお金をかけてほしい。刃の性能がよくない安価なミルを購入するのであれば、豆を購入した店で挽いてもらい、早めに飲み切る方をすすめたい。

コーヒーミル

手動タイプ

ハンドルを手で回して刃を回転させ、コーヒー豆を粉砕する。安価なものから高価なものまであり、大きな違いは刃の素材やつくり。オススメは刃の性能がよい、ドイツのコマンダンテ社の「コーヒーグラインダー」。

電動タイプ

電力で刃を動かし、コーヒー豆を粉砕する。業務用がメインだが、小型の家庭用タイプもある。オススメは、カリタ社の「ナイスカットミルG」、ノルウェーのウィルファ社の「SVARTコーヒーグラインダー」。

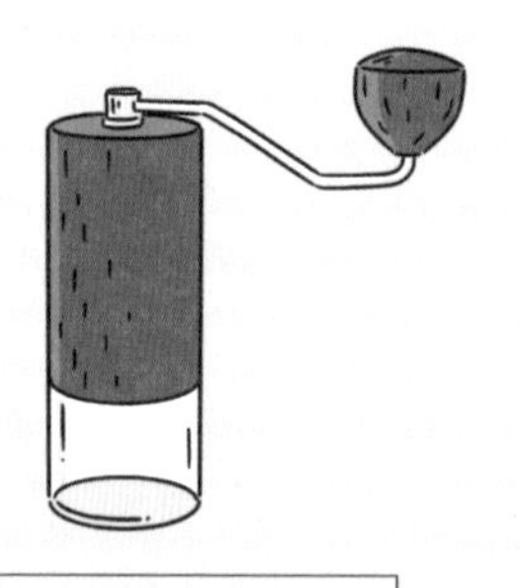

コマンダンテ社
コーヒーグラインダー

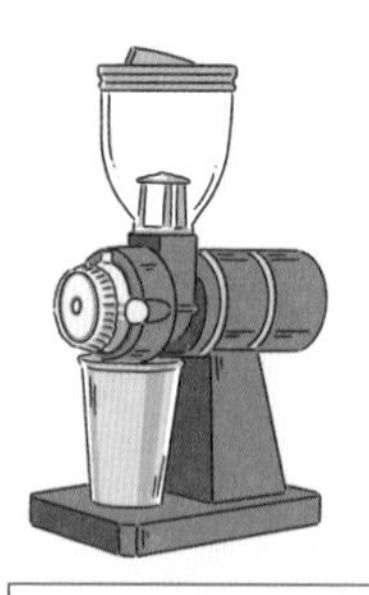

カリタ社
ナイスカットミルG

ウィルファ社
SVARTコーヒーグラインダー

粉の挽き目はコーヒーの味わいを大きく左右する
高性能のコーヒーミルを揃え、味わいを追求しよう!
よいミルは一生ものだ

ミルの刃について

刃の形状には、いくつかの種類がある。オススメは、挽き目を揃えやすい「コニカル」や「フラット」。加えて、刃の素材も吟味したい。選ぶべきは鋼鉄製の丈夫なもので、プラスチックだと挽き目を揃えることは難しい。

コニカル

手動タイプに多い。円錐形の刃で、豆をすり潰して粉砕する。

フラット

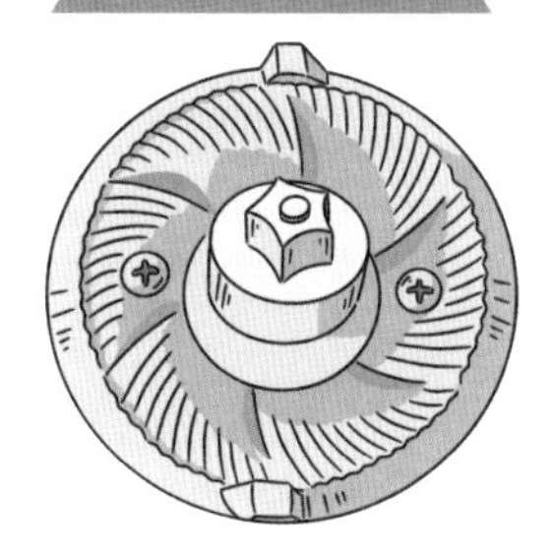

電動タイプに多い。刃は2枚あり、一方を固定し、一方を回転して粉砕する。

オススメしない

刃がプロペラ状のブレードグラインダーは、手動タイプでも電動タイプでもオススメしない。粒の大きさを揃えることが難しい上、大量の微粉を発生させてしまう。

ブレードグラインダー

あるとさらに便利なコーヒー器具

楕円形のコーヒー豆を均一に挽くことは非常に難しい。粉砕する際に、どうしても微粉が生じてしまう。微粉の量は、刃がしっかりしている高性能のミルだと少なく、イマイチなミルだと多い。コーヒー用のふるいで微粉を取り除いてから抽出すると、よりクリアな味わいになる。

また、抽出において湯温は大切な要素。お湯の温度によって、酸味や苦味の成分の溶出しやすさは変わる。毎回同じ味わいに仕上げるには、湯温を一定にしたい。そのためには温度計があると便利だ。

Item 1

コーヒー用ふるい

味わいを損ねる微粉を取り除くことができる。ふるいで挽き目を揃えることで、抽出するコーヒーの味わいはよりクリアになる。

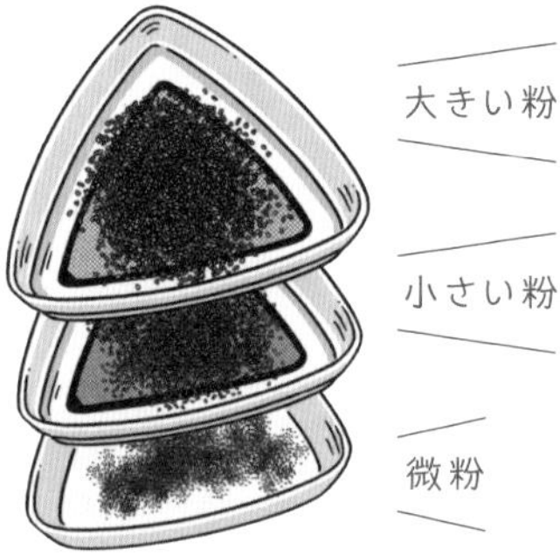

大きい粉

小さい粉

微粉

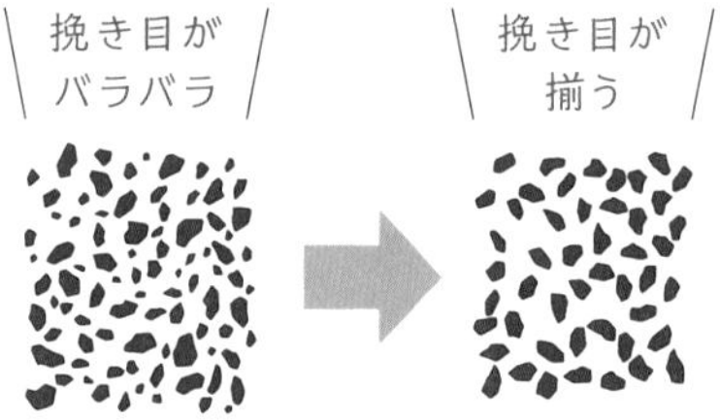

挽き目がバラバラ

挽き目が揃う

かわりに 茶こしでもOK

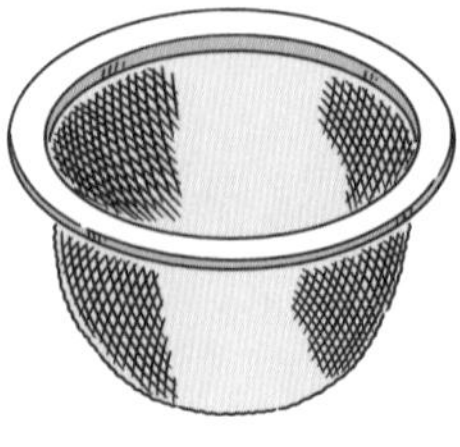

コーヒー専用のふるいではなく、茶こしでもある程度、微粉を除去することができる。

ふるいで微粉を取り除き 温度計で湯温を一定にすることで 味わいをより安定させられる

味わいをコントロールするために
湯温は毎回、一定にしたい

Item 2

温度計

湯温により引き出しやすい成分が変わる。味わいをコントロールするには、湯温をきちんと調整したい。アナログタイプ、デジタルタイプは好きな方を選ぼう。

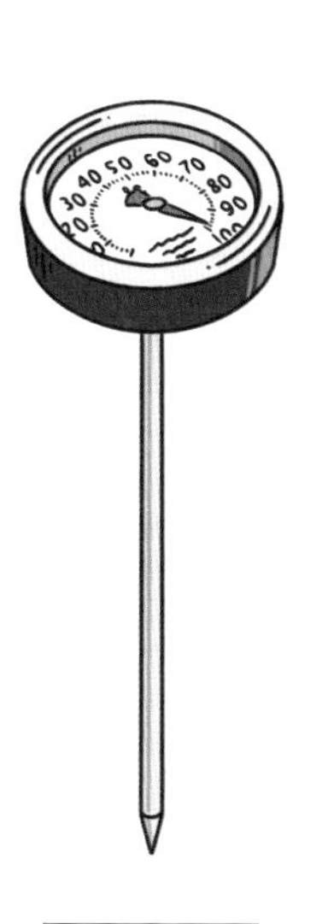

アナログ

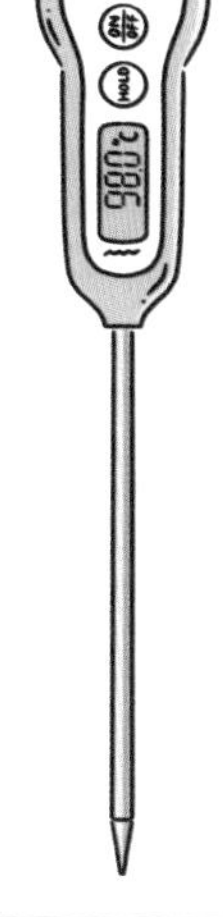

デジタル

ケトルとの一体型も

電気で加熱し、湯温を調整できるドリップケトルもある。お湯を温めすぎたり、抽出しているうちに冷めたりすることがないので、便利。

コーヒーの味わいを左右する抽出レシピの要素

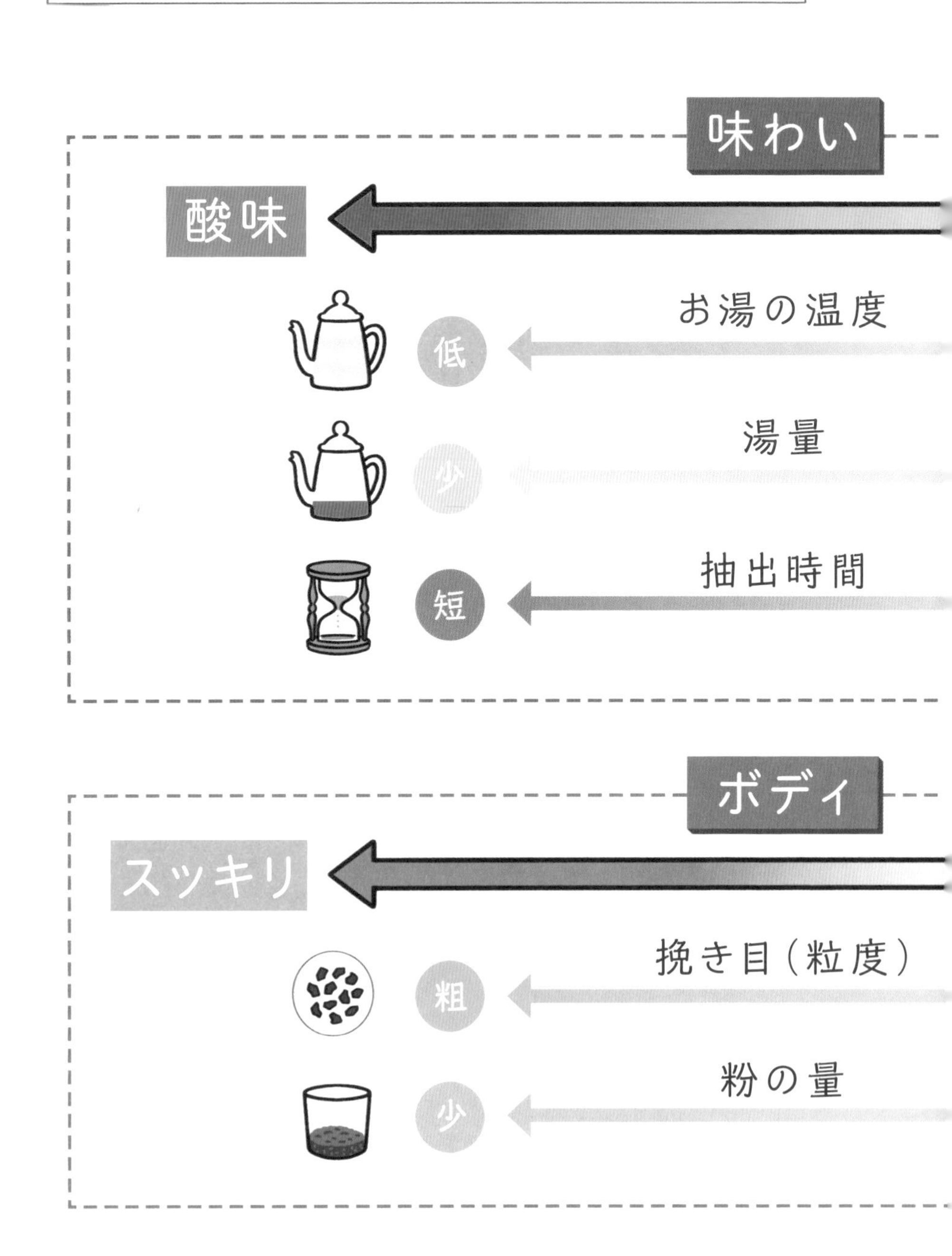

コーヒーは同じ方法、器具で抽出しても、お湯の温度、粉の挽き目（粒度）などのレシピによって、味わいやバランスが変わる。

例えば、抽出時間が長いと苦味が際立ち、短いと酸味が際立つようになる。また、粉の量が多いとどっしりとした味わいに、少ないとスッキリとした味わいになりやすい。

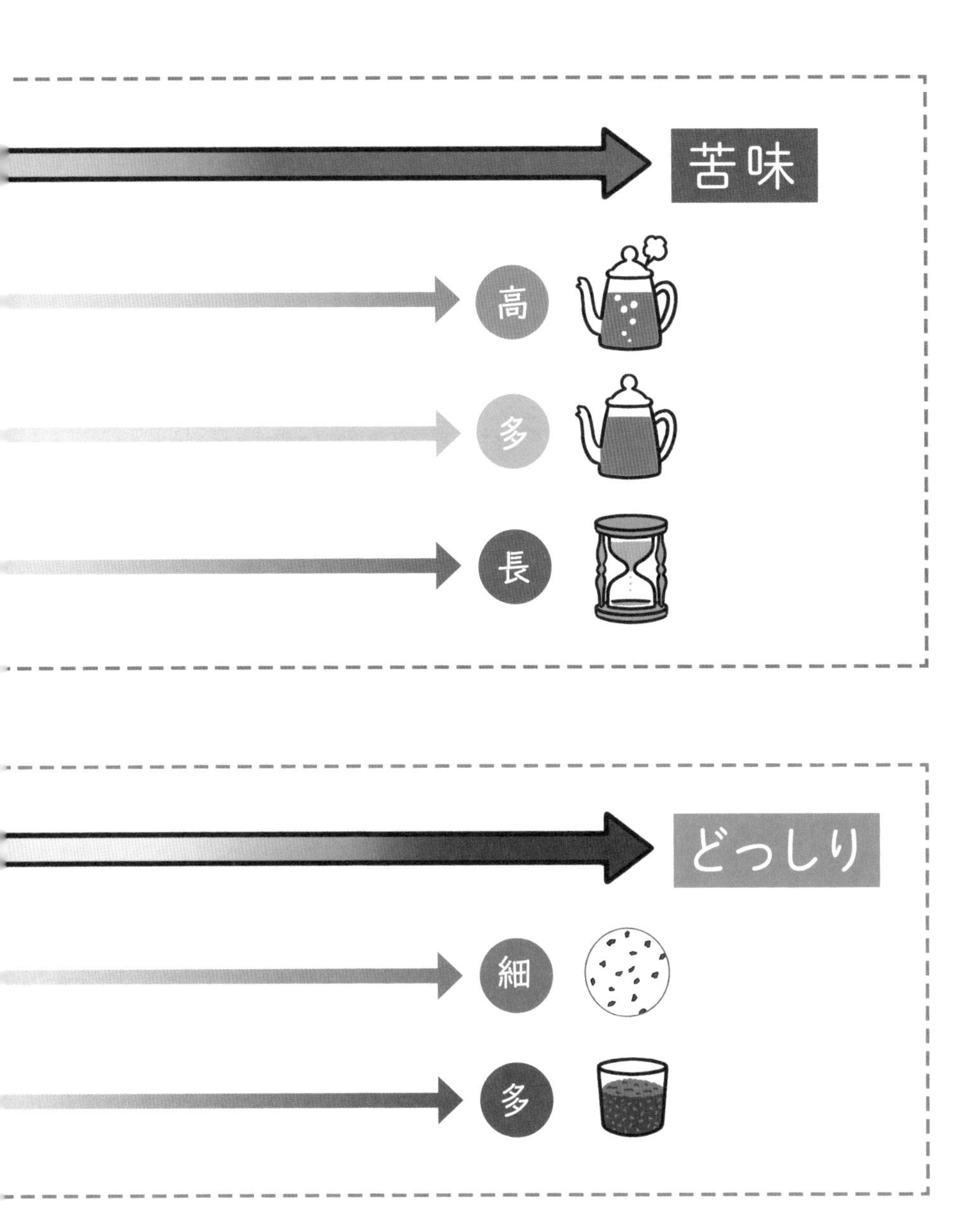

抽出の決め手：粒度

ここからは、抽出レシピの要素を個別に見ていく。初めに紹介したいのは粒度。粒度とは、粒の揃い具合や粉の挽き目のことだ。

コーヒーの粉は、粒度によって表面積が変わり、成分が引き出されるスピードが変わる。細挽きは粒が小さく表面積が大きくなるため、短時間で成分がお湯に溶け出てくる。粗挽きは粒が大きく表面積が小さくなるため、成分がお湯に溶けるスピードは遅くなる。

粒度が揃わない状況で抽出すると、小さい粒は抽出し過ぎてえぐみが出てしまい、大きい粒は抽出が不十分で成分を引き出しきれない。均一に抽出するためには、高性能のミルを用いて粒度を揃えることが大切なのだ。

挽き目ごとの抽出イメージ図

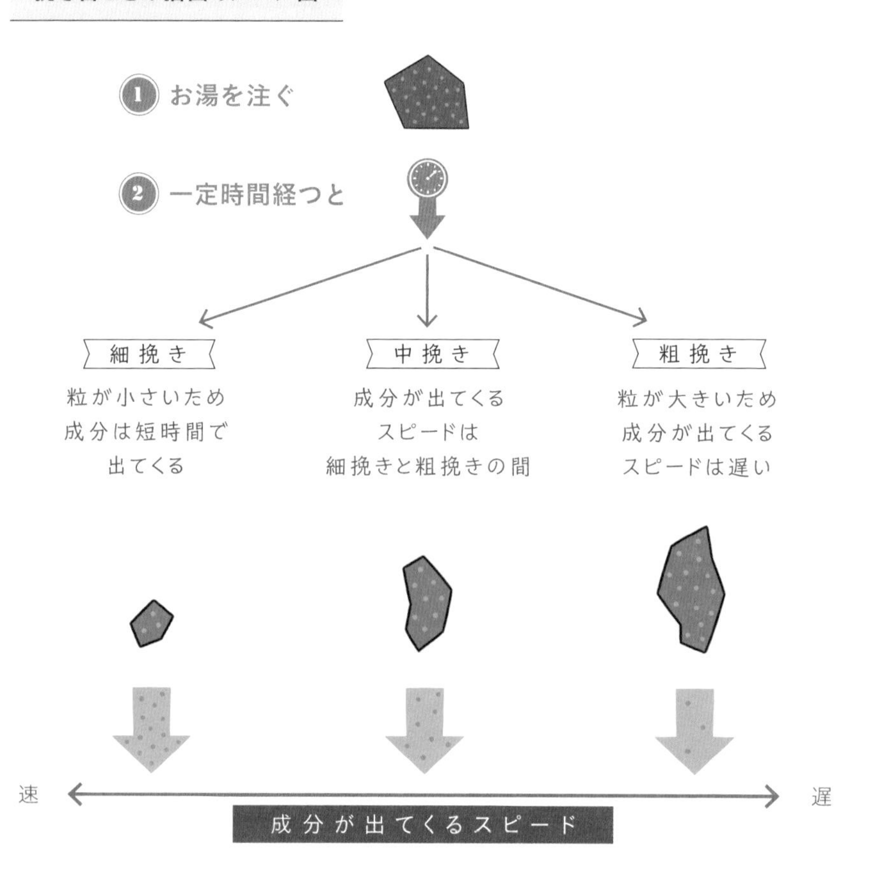

高性能のミル、イマイチなミルで挽いた場合の粒度分布のイメージ図を示す。粒度分布は、ミルの性能により異なる曲線を描く。高性能のミルだと、狙った粒度が多い一方で微粉は少ない。イマイチなミルは逆に、狙った粒度が少ない一方で微粉が多い。加えて粒度がバラける。

微粉は雑味やえぐみの原因となるだけではなく、ドリッパーの中で目詰まりを起こして抽出時間を長引かせてしまう。

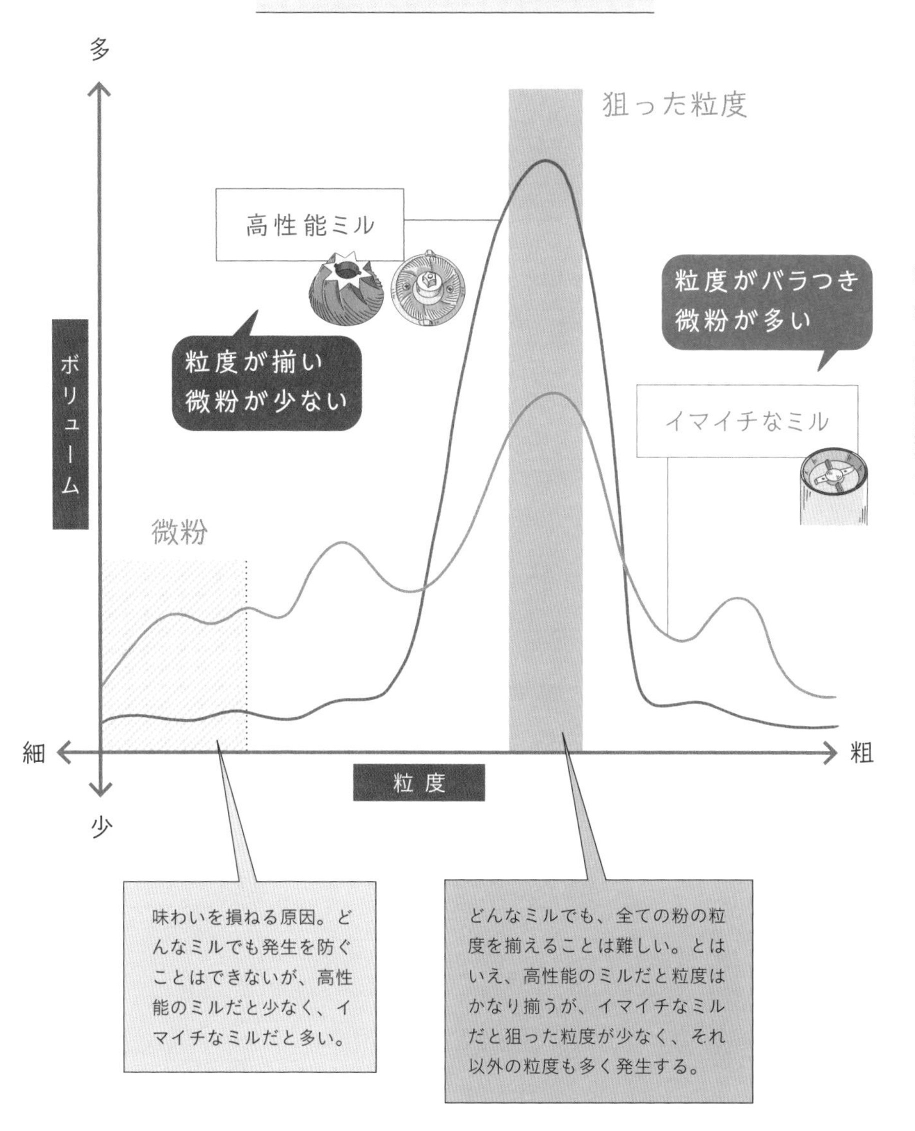

井崎流レシピの調整

第２章の井崎流ハンドドリップの特徴に、「コーヒー豆を粗めに挽く」を挙げた。中挽きをすすめる店が多い中、あえて粗挽きを推すのは、粒が大きいため、イマイチのミルでも中挽きや細挽きよりも粒度を揃えやすいからだ。ただ粗挽きだと引き出すことができる成分は少なくなるため、用いる粉を多くする。

高性能のミルで豆を挽くことができ、抽出に慣れてきた人には「調整レシピ」として細挽きをすすめたい。粗挽きレシピよりも豆の使用量を減らすことができ、経済的だ。細挽きレシピでは、お湯の重量：コーヒーの重量＝100：６にしよう。粉の粒度と重量以外の条件は変えなくてよい。

気をつけたいのは、細挽きにすると成分が引き出されるスピードが速まり、粗挽きより雑味やえぐみも出やすくなることだ。抽出に慣れるまでは、粗挽きの方が味を安定させやすい。

第2章のレシピ

・お湯：コーヒー豆=100：8
・粗挽きにする

Point 1 粒度が揃いやすい
Point 2 雑味やえぐみが出にくい

粗挽き

高性能のミルがあり
抽出の腕も上がったら

調整レシピ

・お湯：コーヒー豆=100：6
・細挽きにする

Point 1 効率よく成分を引き出せる
Point 2 豆の使用量をおさえられる

細挽き

P162〜163の「抽出レシピの要素」で示したように、味わいを調整できる要素はさまざまある。ただ、一度に複数の要素を変えてしまうと、どれによって味わいが変わったのか判断しづらくなる。

最初に調整するのは、粒度がオススメ。高性能のミルであれば簡単に粒度を調整することができる上、味わいに及ぼす影響が大きいからだ。よりスッキリさせたければ粗挽きに、どっしりさせたければ細挽きにするとよい。

ここまで、ドリップの際の粒度を紹介してきたが、フレンチプレスについても紹介したい。フレンチプレスでは、粗挽き〜中挽きをすすめる店が多い。しかし、第4章（P136）で示したように、フレンチプレスは抽出力が弱く、一定の濃度まで成分が溶け出すとそれ以上は溶けにくい。効率よく抽出できるよう、ドリップよりも細挽きがオススメだ。何時間も漬けておかない限り、えぐみは出にくい。

抽出方法、レシピごとのオススメの挽き目

レシピを調整したい時は、
一度に複数の要素を変えない方がよい。
最初に調整するのは粒度がオススメ！

抽出力はお湯で調整できる

抽出の際、コーヒーに含まれる成分はお湯によって引き出される。お湯は抽出力を調整する重要な要素で、おさえたいポイントは複数ある。

まずはお湯の温度。湯温は高い方が抽出力は強く、低い方が弱い。また高温だと苦味が強く、低温だと酸味が強くなる。味を安定させるためには、毎回、同じ湯温で抽出したい。

ドリップでは、粉に注ぐお湯の太さにも気を使ってほしい。粉が乾いている1湯目と、すでに水分を含んでいる2〜4湯目では、お湯の太さを変えよう。

さらにいうと、豆の焙煎度合いによって湯温を変えるのもオススメ。焙煎度合いにより酸味や苦味のボリュームが変わることに加え、細胞壁の硬さが変わるため、お湯の浸透しやすさが異なるからだ。

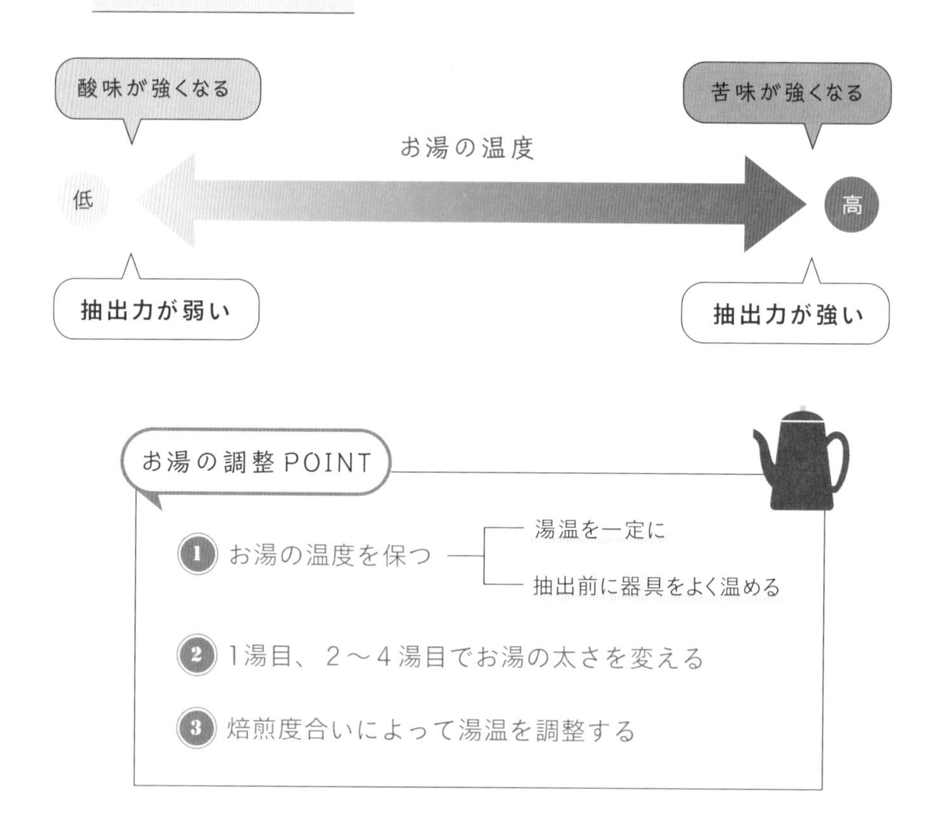

Point 1

お湯の温度を保つ

湯温を一定にする

お湯の温度を一定にするためには、温度計を使って調整した方がよい。ただ、調整して沸かしても、抽出しているうちにお湯は徐々に冷めていくことに気をつけたい。電気で加熱して保温できるドリップケトルだと、温めすぎることも、抽出している間に冷めることもないので便利。

お店では、沸かしたお湯をドリップケトルに移す姿を見かけるだろう。その場合、常温のケトルを使うとケトルに熱を奪われ、抽出の湯温は下がることに注意が必要。店では湯温の調整のため、あえて移しているケースもあるが、自宅で抽出する際にはドリップケトル内の湯温を調整してほしい。

電気で加熱し、保温機能があるので、1湯目から4湯目まで同じ温度で抽出することができる

ヤカンなどで沸かしたお湯をドリップケトルに移すと、抽出の湯温は下がる

抽出前に器具をよく温める

お湯の温度を保つためには、ドリッパーの温度にも気を配りたい。ドリッパーが冷えていると、注いだお湯の熱がドリッパーに奪われ、抽出の湯温は下がってしまう。

そのため、抽出前に器具をよく温めることが大切。ドリッパーには2度お湯をかけて、十分に温めてから抽出を始めよう。

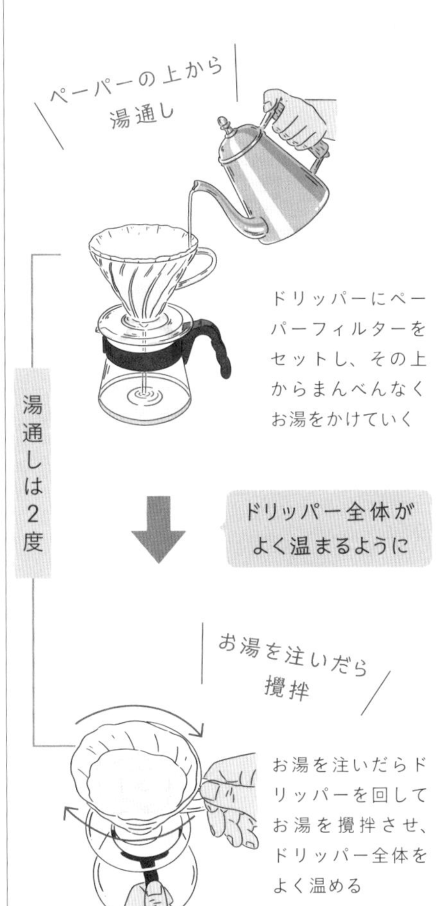

ドリッパーにペーパーフィルターをセットし、その上からまんべんなくお湯をかけていく

お湯を注いだらドリッパーを回してお湯を攪拌させ、ドリッパー全体をよく温める

Point 2

1湯目、2〜4湯目でお湯の太さを変える

お湯がちゃんと浸透していない粉からは、成分を十分に引き出すことはできない。そのため、全ての粉が十分にお湯に触れるようにしたい。

特に重要なのは、粉が乾いている1湯目。細いお湯をゆっくり注ぎ、粉に少しずつお湯を浸透させよう。

２〜４湯目を注ぐ際には、粉はすでにお湯に触れている。そのため1湯目よりもお湯を太くしたい。粉とお湯が触れる時間を1湯目よりも短くし、えぐみや雑味を出さないようにするためだ。

お湯の注ぎ方

1 湯 目

できるだけ細いお湯を、粉にゆっくり、まんべんなく注ぐ。優しくのせていくようなイメージで。

2 〜 4 湯 目

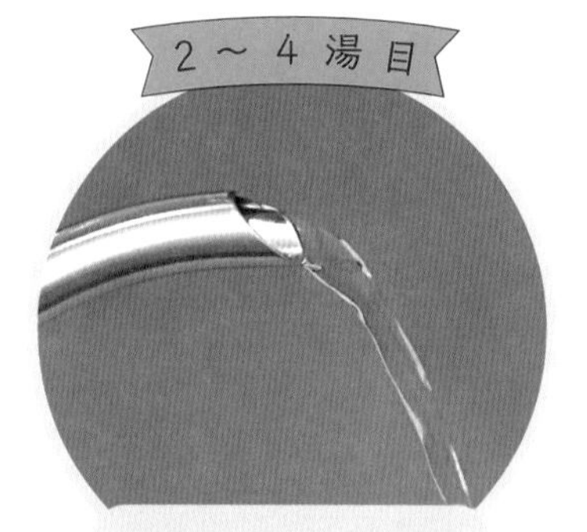

1湯目よりも太いお湯を注ぐ。えぐみや雑味を出さないよう、気をつけたい。

Point
3

焙煎度合いによって湯温を調整する

焙煎度合いによってコーヒー豆が受ける熱量は変化し、それにより細胞壁の硬さが変わる。焙煎時間が短い浅煎りは、受ける熱量が少ないために細胞壁は硬い。焙煎時間が長い深煎りは、受ける熱量が多いため細胞壁は軟らかくなる。

浅煎りと深煎りの成分の溶け出しやすさを比較すると、細胞壁が硬い浅煎りはお湯が浸透しにくく、成分は溶け出しにくい。細胞壁が軟らかい深煎りはお湯が浸透しやすく、成分は溶け出しやすい。そのため、浅煎りは抽出力が高い高温のお湯で、深煎りは抽出力を弱めるために低めのお湯で抽出するとよい。

焙煎度合いによる抽出のイメージ

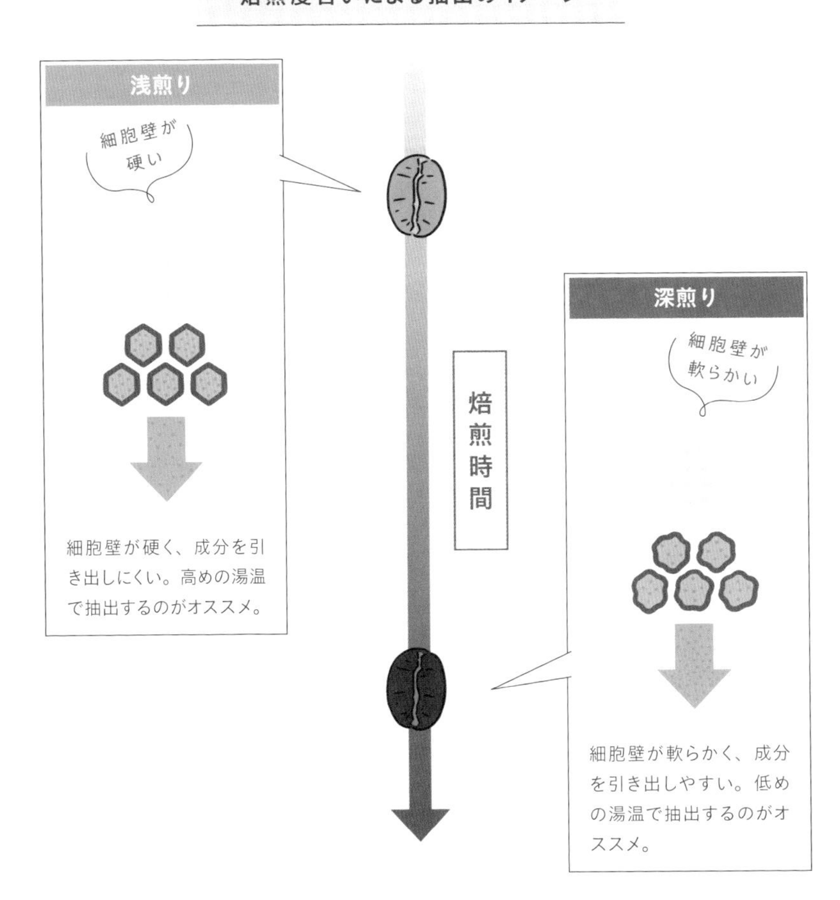

成分を引き出す秘訣：蒸らしと攪拌

理想的な抽出に欠かせない要素として、全ての粉から十分に成分を引き出すことが挙げられる。これを促すのが蒸らしと攪拌。蒸らしと攪拌は、成分を引き出す秘訣といえる。

粉は1湯目のお湯に触れると蒸らしが始まり、粉の内部の二酸化炭素を放出し始める。二酸化炭素を放出させると、粉はお湯を含みやすくなり、成分がスムーズにお湯に溶け出るようになる。蒸らしは、2湯目以降に十分に成分を引き出すための準備体操といえる。

攪拌は、粉とお湯の接触を補助するため、粉から成分が溶け出てくるのを促進する効果がある。

蒸らしはコーヒーの準備体操

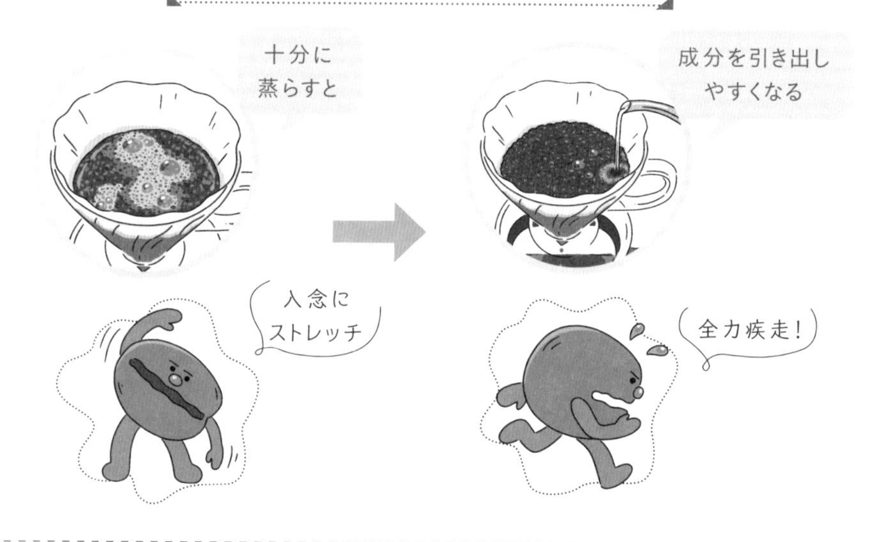

全ての粉がお湯に触れ、蒸らしが進んでいる

成功例

お湯に触れておらず、蒸らされていない粉もある

失敗例

攪拌で粉とお湯の接触を促す

お湯と粉の接触を促す攪拌には、いくつかの方法がある。井崎流レシピでは、ドリッパーを水平方向に回転する。ドリッパーを回すだけの簡単な方法である上、お湯が動くため大きな効果を期待できるからだ。コーヒーショップでは、スプーンで粉をかき混ぜる攪拌方法が一般的だが、慣れないと均一に混ぜることは難しい。毎回、均一に攪拌できないと、味がブレる原因になってしまう。

第２章のレシピでは1、４湯目の攪拌をすすめたが、好みによって２、３湯目で攪拌してもよい。

レシピの要素まとめ

P164からみてきた３要素のうち、最も味わいに影響するのは粒度。次いでお湯、その次が蒸らしと攪拌だ。これらの要素が味わいに与える影響を理解し、コーヒー豆の種類や状態も考慮した上で、自分なりのレシピをつくるのも面白い。

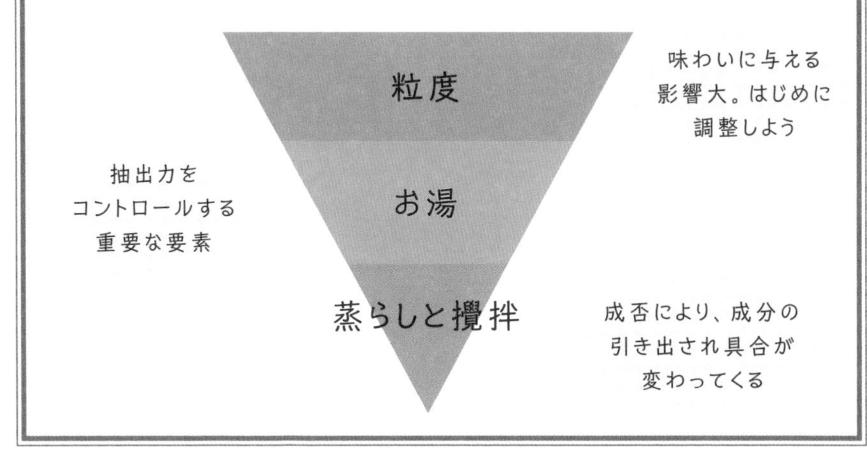

ドリッパーの素材ごとの特徴

同じ形状のドリッパーでも、素材によって抽出したコーヒーの味わいは微妙に変わる。素材ごとに熱の保ちやすさ、熱が伝わるスピードが異なり、抽出するお湯の温度に影響するためだ。

ここではドリッパーに使われる代表的な4つの素材、プラスチック、メタル（金属）、セラミック（陶器）、ガラスを紹介しよう。プラスチックの特徴は、温度変化が少ないこと。メタルは比較的、保温性が高く、ガラスは低い。セラミックはしっかり温めると、熱をキープできる。

これらの特徴を踏まえ、使う豆の焙煎度合いでドリッパーを使いわけるのもよい。P168、171で紹介したように、浅煎りは比較的高い湯温で、深煎りは比較的低い湯温で抽出したい。そのため、浅煎りには熱が伝わりやすいメタルや保温性が高いセラミックが、深煎りには保温性がやや低めのガラスが向いている。プラスチックは温めやすく冷めにくいので、どちらにもオススメだ。

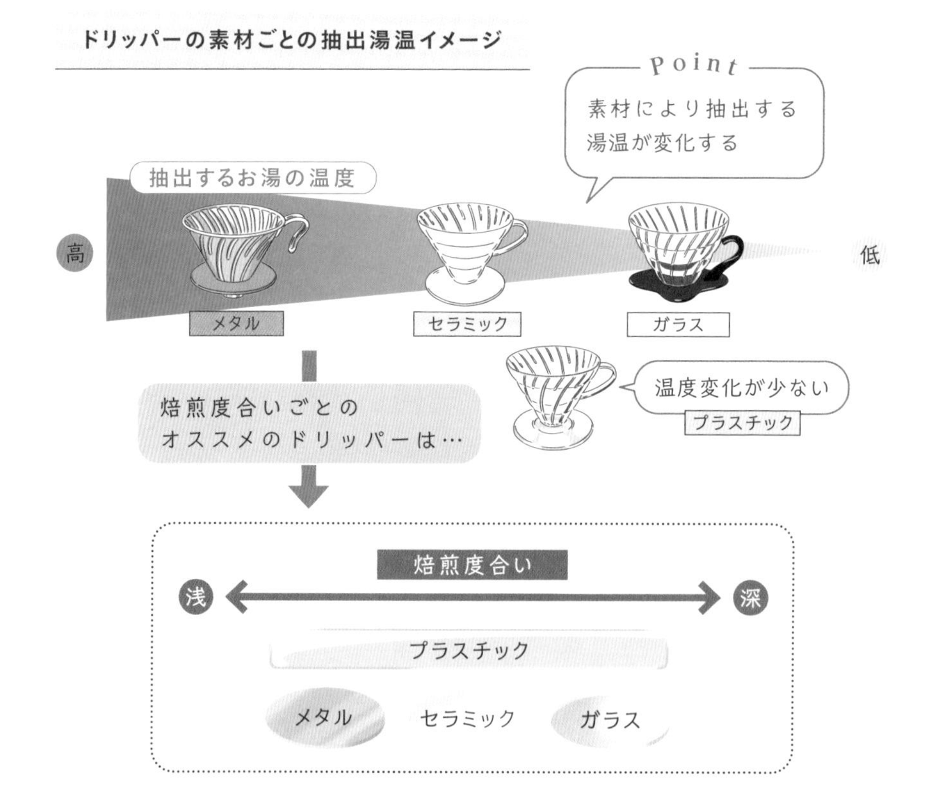

プラスチック　一番のオススメ

プラスチックは温度変化が少ない素材。重量が軽いこともあり、注いだお湯の熱をほとんど奪わない。他のドリッパーに比べて安価で、割れにくいため、使い勝手がよい。

メタル（金属）　熱が伝わりやすく浅煎り向き

メタルは熱しやすく、抽出の湯温をキープできるので、浅煎りに向いている。ただ、一旦冷め始めるとそのスピードは速く、ドリッパーがお湯の熱を奪ってしまう。抽出時間が長い場合、注意が必要だ。

セラミック（陶器）　しっかり温めると熱をキープできる

ひんやりとした手触りが示すよう、そのままだと温度は低いが、しっかり温めると比較的、熱をキープできる。抽出前にしっかり温めることが大切。冬場で室温が低い場合は抽出中に冷えていくことに注意したい。

ガラス　取り扱いに気をつけよう

保温性がそれほど高くないので、深煎り向き。見た目に重厚感や存在感があるドリッパーなので、カフェなどで使用されている。ただし４つの中で最も割れやすいので、取り扱いに気をつけたい。

コーヒーの印象を変える カップやグラス

同じ豆を使い、同じ器具・レシピで抽出したコーヒーでも、飲む際に使うカップやグラスによって印象は変わる。カップやグラスのつくりによって、酸味やボディ、香りなどの感じ方が異なるからだ。

コーヒーの口あたりは、飲み口の厚さによって変わる。香りやフレーバーを感じやすいのは飲み口が薄いもので、ボディを感じやすいのは飲み口が厚いもの。そのため、浅煎りは飲み口が薄いものがオススメで、深煎りは飲み口が厚いタイプがマッチする。

カップやグラスの形状は、香りやフレーバーの印象を変える。ワインを味わう際、香りや酸味を楽しむならブルゴーニュグラス、ボディが強いワインならボルドーグラスと使いわけるのと同様だ。

ブルゴーニュグラスのように、中央から下部に丸みがあって飲み口が狭いと、コーヒーの香りやフレーバーを感じやすく、浅煎りにオススメ。ボルドーグラスのように細長いとコーヒーのボディ感を感じやすいので、深煎りにオススメしたい。

コーヒーの味わいは水によって変化する

硬度

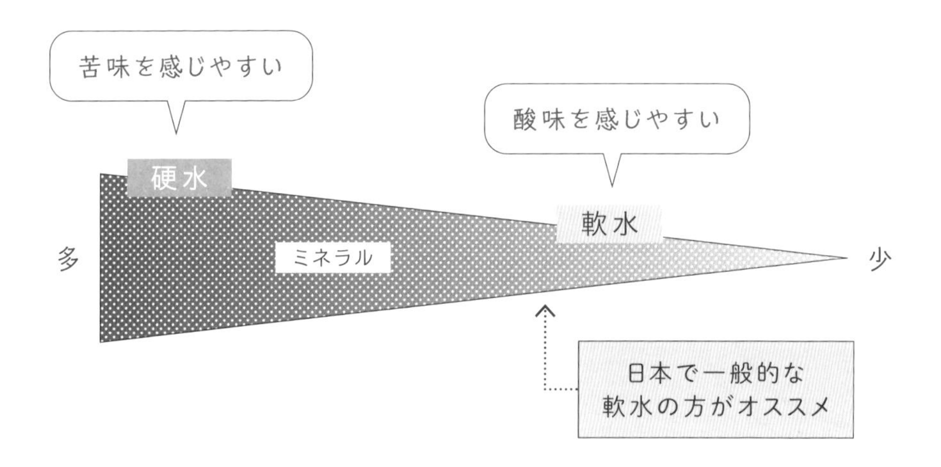

PH

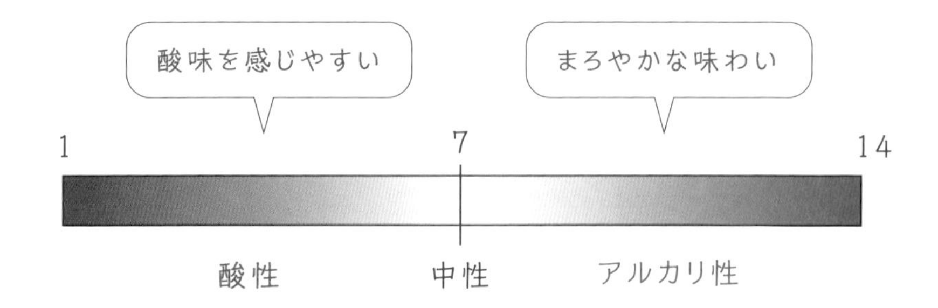

コーヒーは、豆に含まれる成分をお湯に溶かしてつくる飲み物。そのため味わいは、使うお湯の性質にも影響される。水質を示す代表的な指標に、硬度とPHがある。ここでは、硬度やPHと味わいの関係について紹介する。

硬度は、カルシウムとマグネシウムの含有量を示す。ミネラルが少ないと硬度は低く軟水に区分され、ミネラルが多いと硬度は高く硬水に区分される。PHは液体が酸性なのか、中性なのか、アルカリ性なのかを表す。

軟水は日本で、硬水はヨーロッパで一般的で、水そのものの味わいが異なる。軟水はまろやかで、硬水はミネラルが多いため独特の風味や渋みがある。軟水の方がコーヒーそのものの香りや味わいを感じやすく、硬水を使うと、水質に由来する風味がコーヒーにも表れる。軟水だとより酸味を感じやすく、硬水だとより苦味を感じやすくなる。

軟水は水道水や国産ミネラルウォーター、硬水はヨーロッパ産ミネラルウォーターで、どちらも手に入る。気分や好みで選ぶのもよいが、オススメは軟水。コーヒー会社やお店は、日本で一般的な軟水での抽出を想定して焙煎するのが通常だからだ。

オススメは
ミネラルウォーター

water

抽出には、水道水よりも市販のミネラルウォーターをすすめたい。日本の水道水は品質が高いが、それでも塩素、水道管のサビなどが含まれているからだ。また水質は土地や季節によって違いがあるので、ミネラルウォーターの方が安定した条件で抽出できる。

コーヒーの酸味は酸性。そのため、酸味を多く含む浅煎りのコーヒー豆は酸性で、焙煎が進むにつれて酸味が減って中性に近づいていく。

酸性のお湯で抽出すると、酸味をより感じやすくなる。一方でアルカリ性のお湯を使うと、コーヒーに含まれる酸味と中和され、よりまろやかな味わいになる。

水道水の水質は、その土地によって異なるものの、ほぼ中性。市販されているミネラルウォーターも同様だ。

味わいの評価：カッピング

コーヒーは、カッピングと呼ばれるテイスティングによって、品質や特徴をみる。生産地でも消費地でも同様だ。

最初に行うのは生産者。コーヒーチェリーからつくったコーヒー豆の品質をチェックするためだ。出荷や流通段階では、COE（P112〜）の審査員が品質評価のために、バイヤーたちが買い付けのために行う。

消費地のコーヒー会社やお店では、焙煎人が豆の個性を見極めて適切な焙煎をするために、バリスタは豆の特徴を見極めて適切な抽出をするために行う。

近年は、消費者向けに「パブリックカッピング」と呼ばれるイベントを開いているコーヒーショップもある。参加して、プロの世界を体験するのも面白いだろう。

カッピングに挑戦して好みの味を探すきっかけにしよう

カッピングに使う道具

抽出方法を決めるため豆の特徴、エイジング状況をチェック

焙煎度合いを決めるため豆の個性を見極める

カッピングの手順

カッピングでは、その豆が持っている風味や味わい全体を評価する。そのため、粉をお湯に漬けて成分を丸ごと引き出す。フレンチプレスに近い方法だ。ペーパードリップで抽出したコーヒーは、ペーパーで除去される成分がある上、抽出する人の技術や条件によって味わいが変わるため、カッピングには適さない。

カッピングの一般的な手順を紹介する。

STEP 1 香りをかぐ

カッピングを始める直前にコーヒー豆を挽き、カップに入れる。「カッピングボウル」という専用のカップもある。粉をカップに移したら、香りをかごう。お湯を注ぐ前の香りを「ドライ」という。

STEP 2 お湯を注ぐ

一気にお湯を注いでいく。複数のコーヒーをカッピングする際は、コーヒーとお湯の比率を必ず一定にしよう。お湯を注ぐと香りが立ち始めるので、香りを再び確認する。お湯を注いだ後の香りを「クラスト」という。

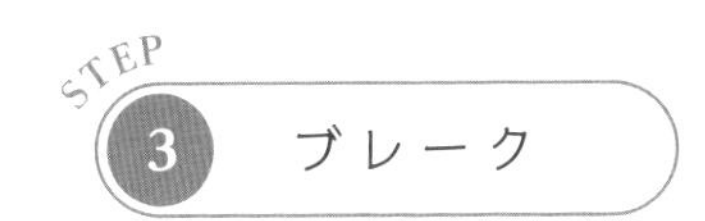

スプーンを使い、粉とお湯をかき混ぜる。この手順を「ブレーク」という。ポイントは、表面に浮かぶ粉を崩すこと。粉をかき混ぜる際に香りが広がるので、鼻を近づけて香りを確認しながらブレークしよう。

カップの表面のアクをスプーンで丁寧に取り除く。複数のコーヒーをカッピングする場合、1つのカップごとにスプーンを洗い、ペーパーで水気を落としてから次のカップに移ろう。カップごとにスプーンを洗うのは、ブレーク、テイスティングでも同様。

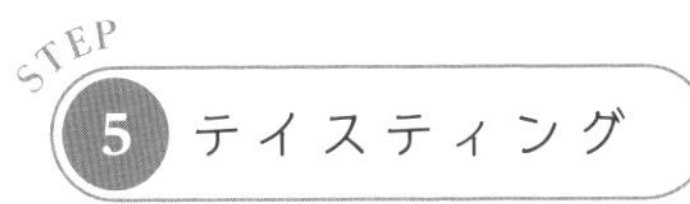

スプーンを使って口に含む。飲むというより、吸って霧状にして口に含んだ方が、香りが鼻に抜けてフレーバーやアロマを感じやすい。「カッピングスプーン」と呼ばれる専用のスプーンは、スープ用と形状が似ており、吸いやすいつくりになっている。

カッピングの評価ポイント

カッピングでは、コーヒーの香りや味わいを総合的に評価する。評価方法にはいくつかの方式があるが、ここでは日本スペシャルティコーヒー協会（SCAJ）の方式を紹介する。

最終的な評価結果は、100点満点の点数にする。採点方法は独特で、フレーバー、口に含んだ質感、甘さなどの８項目を８点満点で採点した合計点数に、ベースの36点を足す。

評価は、「カッピングフォーム」という専用の用紙に書き込んでいく。

SCAJのカッピングフォーム

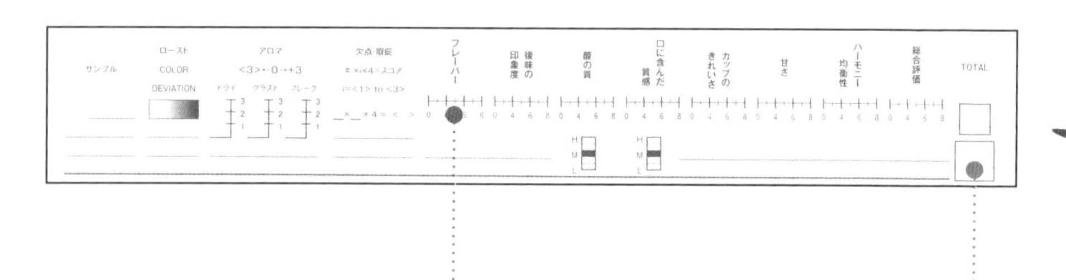

POINT 1

８項目を８点満点で採点

0.5点刻みで、８項目を８点満点で採点する。スペシャルティコーヒーの場合、平均は６点。とりわけよいと感じたら加点し、イマイチだと思ったら減点していく。自由記述欄には、点数に表せない印象を書き込む。

POINT 2

100点満点で評価

各項目６点だと、合計で84点になる。スペシャルティコーヒーの目安となる点数だ。同様の採点方法のCOEでは、86点以上（2019年12月現在）が入賞する。いずれにおいても90点以上を獲得するるコーヒーは珍しい。

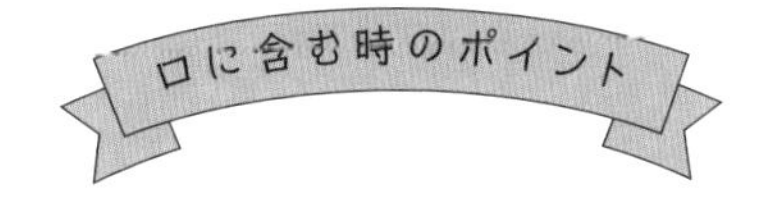

霧状にして口に入れる

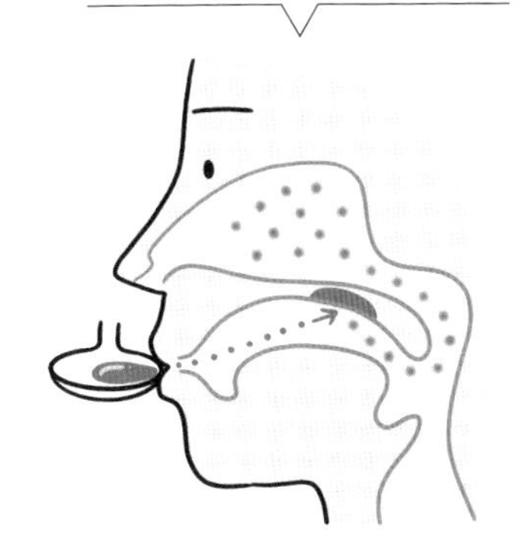

カッピングスプーンですくったコーヒーは、「ズズーッ」「チューッ」などと音を立てて、口の中に霧状に広がるようにして入れるのがポイント。のどの上部にあてるようにすると、香りが鼻に届き、風味や味わいを立体的に感じやすくなる。ただ、吸うことに気を取られて味わいに集中できないと本末転倒なので、慣れるまでは普通に飲んでもよい。

ブレずに評価するため、カッピングスプーンですくうコーヒーの液量は毎回一定にしたい。

チェック項目

フレーバー	香りや味わいを感じ取る。強弱ではなく、その質に注目して点数をつける。感じ取ったフレーバーは「ブルーベリー、チョコレート……」などと書き込んでいく。
後味の印象度	余韻を残して消えていくのか、イヤな風味を残して消えていくのかをチェックする。
酸の質	まずは強弱をチェックして、High ／ Medium ／ Low の3段階で評価する。点数は酸の強弱ではなく、酸の質でつける。
口に含んだ質感	酸の質と同様、まずは強弱を3段階で評価。点数は強弱ではなく、粘り気や重み、なめらかさなどのよしあしでつける。
カップのきれいさ	雑味や欠点はないか、味わいに透明感があるかをチェックする。
甘さ	口の中で甘さが広がるかどうかなどを吟味し、点数をつける。
ハーモニー均衡性	風味や味わいのバランスが取れ、よいハーモニーがあるかどうかを確認する。
総合評価	全体的な印象を評価する。他の7項目は客観的な評価が求められるが、総合評価には個人的な好みを反映してもよい。

SCAJのカッピングフォーム

カッピング フォーム

名前：井崎 英典　　　　セッション：1 2 3 4 5

サンプル	ロースト COLOR DEVIATION	アロマ <3>←0→+3 ドライ / クラスト / ブレーク	欠点・瑕疵 # ×i×4=スコア i=<1> to <3>	フレーバー / 後味の印象度
#1		3 / 3 / 2	_×_×4= < >	7 / 7
		トロピカルフルーツ, ベリー		パパイヤ, パッションフルーツ ブラックベリー, カカオ
		3 2 1 / 3 2 1 / 3 2 1	_×_×4= < >	0 4 6 8 / 0 4 6 8
		3 2 1 / 3 2 1 / 3 2 1	_×_×4= < >	0 4 6 8 / 0 4 6 8
		3 2 1 / 3 2 1 / 3 2 1	_×_×4= < >	0 4 6 8 / 0 4 6 8
		3 2 1 / 3 2 1 / 3 2 1	_×_×4= < >	0 4 6 8 / 0 4 6 8
		3 2 1 / 3 2 1 / 3 2 1	_×_×4= < >	0 4 6 8 / 0 4 6 8

SCAJのカッピングフォーム、井崎バリスタの記入例を示すので、カッピングに挑戦してみよう。

「サンプル」にはサンプル番号を、「ロースト」には焙煎度合いを、「アロマ」には「ドライ」「クラスト」「ブレーク」の香りの印象を記入する。「欠点・瑕疵」はスペシャルティコーヒーの場合、記入しなくてよい。

日付：

酸の質	口に含んだ質感	カップのきれいさ	甘さ	均衡性 ハーモニー	総合評価	TOTAL
6	7	6	7	6.5	6.5	53
0 4 6 8	0 4 6 8	0 4 6 8	0 4 6 8	0 4 6 8	0 4 6 8	
H M L	H M L	long Sweet finish Creamy mouthfeel				89
0 4 6 8	0 4 6 8	0 4 6 8	0 4 6 8	0 4 6 8	0 4 6 8	
H M L	H M L					
0 4 6 8	0 4 6 8	0 4 6 8	0 4 6 8	0 4 6 8	0 4 6 8	
H M L	H M L					
0 4 6 8	0 4 6 8	0 4 6 8	0 4 6 8	0 4 6 8	0 4 6 8	
H M L	H M L					
0 4 6 8	0 4 6 8	0 4 6 8	0 4 6 8	0 4 6 8	0 4 6 8	
H M L	H M L					
0 4 6 8	0 4 6 8	0 4 6 8	0 4 6 8	0 4 6 8	0 4 6 8	
H M L	H M L					

井崎バリスタの記入例

カッピングに挑戦してみよう！

味わい表現の共通言語：フレーバー

カッピングの評価項目の「フレーバー」は、コーヒーの味わいを表現するための「共通言語」といえるものだ。第1章（P30）で紹介したように、コーヒーの味わいを他の食べ物に例えるのだ。

カッピングでは、どのようなフレーバーがあるのか感じ取ることを重視する。ただ慣れるまでは、フレーバーを感知することは難しいだろう。

最初は、P30で示したように、まずは酸味と苦味のどちらが強いのか、感じ取ろう。次に、フルーツ系、ナッツ系など、大まかに捉えよう。慣れると、フルーツ系の中でもベリー系、ベリー系の中でもストロベリー……と、だんだん感じられるようになっていく。

フレーバーは、淹れたてよりも少し冷めた方が感じ取りやすい。またフレーバー感知のためには、味覚の引き出しを増やすことが大切だ。

フレーバーの分類

最初は大まかな傾向を感じ取り、徐々に詳しく感じ取るようにしよう

大分類	中分類	小分類
フルーツ系	ベリー系	ストロベリー
		ブルーベリー
	柑橘系	グレープフルーツ
		レモン
ナッツ系	カカオ系	ダークチョコレート
		ミルクチョコレート
	ナッツ系	ピーナッツ
		ヘーゼルナッツ
甘み系	シュガー系	ブラウンシュガー
		キャラメル
	シロップ系	メープルシロップ
		ハニー

POINT

1

少し冷めた方がフレーバーを感じやすい

フレーバーは、淹れたてよりも少し冷めた方が感じやすくなる。また、熱い時と冷めた時で感じられるフレーバーが変わることもある。熱い時は苦味や甘みを感じやすく、冷めた方が酸味を感じやすい。

あまり品質のよくないコーヒーは冷めると格段に味が落ちるが、スペシャルティコーヒーは冷めても美味しい。熱い時、冷めた時とそれぞれ味わい、総合的にフレーバーを感じ取ろう。

POINT

2

味覚の引き出しを増やす

同じ食べ物でも、国や地域が異なれば、イメージする味わいが異なることがある。例えばリンゴ。日本では赤くてジューシーなリンゴが一般的だが、欧米では酸味のある青リンゴが一般的だ。チェリーも、サクランボとアメリカンチェリーでは味わいが異なる。

さまざまなフレーバーを感じるためには、コーヒーの飲み比べをしたり、コーヒー以外のさまざまな食べ物を味わったりして、味覚の引き出しを増やそう。

The Coffee Taster's Flavor Wheel
フレーバーホイール
メープルシロップ
カラメル
蜂蜜
ダークチョコレート
糖蜜
チョコレート
アーモンド
ヘーゼルナッツ
ピーナッツ
クローブ
シナモン
ナツメグ
アニス
紅茶
甘いアロマ
全体的に甘い
バニリン
バニラ
ブラウンシュガー
ココア
ナッツ
甘い
ナッツ/ココア
茶色のスパイス
コショウ
刺激する
スパイス
モルト
穀物
シリアル
ロースト
焼けた
茶色、ローストされた
煙のような
灰のような
鼻を突く
タバコ
パイプたばこ
その他
化学
紙のような/カビ臭い
ゴム
臭い
石油
薬用
塩辛い
フェノール樹脂
肉のだし汁のような
麝香の
カビ臭い/土のような
カビ臭い/ほこりっぽい
カビ/湿気
木のような
紙のような
Specialty Coffee Association
WORLD COFFEE RESEARCH

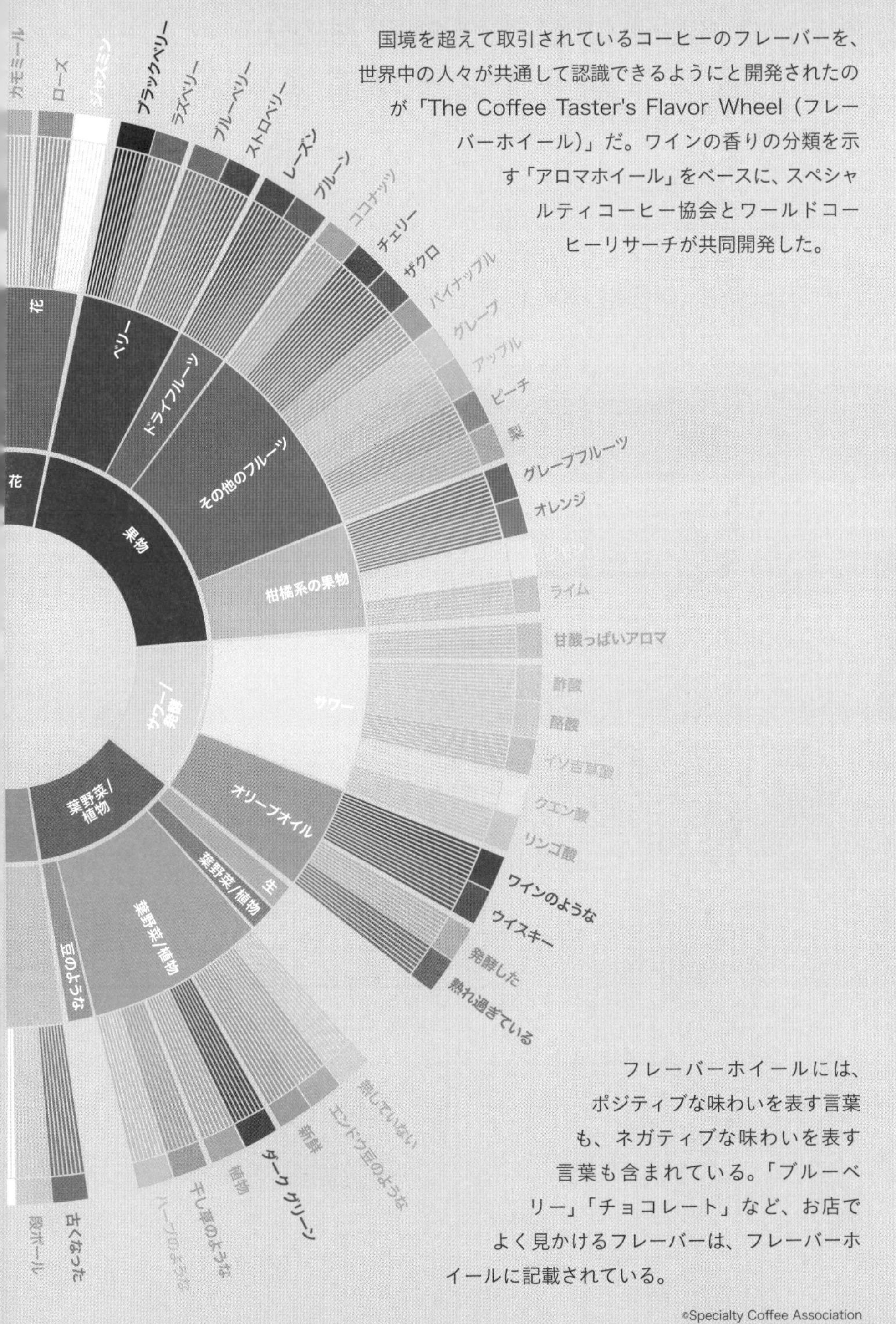

国境を超えて取引されているコーヒーのフレーバーを、世界中の人々が共通して認識できるようにと開発されたのが「The Coffee Taster's Flavor Wheel（フレーバーホイール）」だ。ワインの香りの分類を示す「アロマホイール」をベースに、スペシャルティコーヒー協会とワールドコーヒーリサーチが共同開発した。

フレーバーホイールには、ポジティブな味わいを表す言葉も、ネガティブな味わいを表す言葉も含まれている。「ブルーベリー」「チョコレート」など、お店でよく見かけるフレーバーは、フレーバーホイールに記載されている。

酸味は酸っぱさではない
苦味は渋みやえぐみではない

　コーヒーの味わいで特徴的なのは、酸味と苦味。中には「酸味が好き」「酸っぱいのは苦手」という人も、「苦味が好き」「苦いのは苦手」という人もいるだろう。もしかしたら、コーヒーならではの酸味や苦味と、品質の劣化などで生じてしまった風味とを混同しているかもしれない。それだともったいない。

よい酸味　フルーツならではのジューシー、さわやかな酸

コーヒーはフルーツのタネからつくられるので、フルーツならではのジューシーな酸味や、さわやかな酸味が含まれる。

焙煎

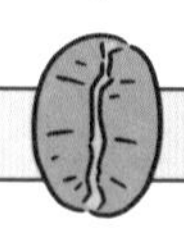

浅

酸っぱい　品質の劣化による

コーヒーは酸素、光、熱が苦手。これらにさらされると品質が劣化し、酸っぱくなってしまう。

コーヒ に酸味が含まれるのは、コーヒーはフルーツからつくられるから。高品質のコーヒーには、フルーツならではのジューシーな酸味や、さわやかな酸味がある。ただ、保存方法が悪くて品質が劣化した場合、酸っぱくなる。酸味と酸っぱさは混同されやすいが、味わいも由来も別物。英語では酸味は「acidity」、酸っぱさは「sourness」と区別されている。

コーヒーの苦味は焙煎から生まれ、深みやコクを感じることができる。抽出や焙煎など、コーヒー豆の扱いに失敗すると渋みやえぐみが生まれる。苦味と、渋みやえぐみは混同されがちだが、全く別物だ。

渋み、えぐみ | 焙煎や抽出の失敗による

焙煎や抽出に失敗すると、渋みやえぐみが出てしまう。コーヒーは適切に扱うことが大切だ。

COLUMN 5

味の格闘技
コーヒーの各種大会

コーヒーには、抽出技術や味覚を競う各種大会がある。コーヒー業界で最も注目されているのは「ワールド・バリスタ・チャンピオンシップ（WBC)」で、井崎バリスタがアジア人で初めて優勝した。この大会には「ジャパン・バリスタ・チャンピオンシップ（JBC)」の優勝者ら、各国の代表が集まる。

WBCやJBCでは、エスプレッソ、ミルクビバレッジ、エスプレッソに副材料を合わせたシグネチャービバレッジの味わいや抽出技術、所作、プレゼンテーションなどの総合評価で順位が決まる。

WBC ／ JBCでつくるドリンク

1 エスプレッソ

基本はエスプレッソ。フレーバーや触感など味わいに加え、器具の取り扱いなども審査される。

2 ミルクビバレッジ

エスプレッソにスチームミルクをあわせ、カプチーノやカフェラテをつくる。

3 シグネチャービバレッジ

エスプレッソに副材料をあわせてつくる。ハチミツや果汁エキスなどを加えることができ、酸味やフレーバーを際立たせる。ただしアルコールは使用できない。

井崎バリスタが世界チャンピオンになるまで

1990年	福岡県で生まれる
2006年	高校を中退し、バリスタに
2007年	JBCに初挑戦するも予選敗退
2009年	法政大学入学、丸山珈琲で働き始める
2012年	JBC初優勝
2013年	WBC初出場、13位で決勝に進めず JBC 2連覇
2014年	WBCで優勝

井崎バリスタがコーヒーの道に進んだのは16歳のころだった。バドミントンのスポーツ推薦で強豪高校に進学するが、1年で中退。喫茶店を経営する父に誘われ、バリスタになった。「バリスタという言葉がカッコよくて、モテるかなと思って」という軽い気持ちだったが、すぐにコーヒーの魅力に夢中になり、翌年にはJBCに初出場した。

JBCに出たことで、世界チャンピオンになりたいという夢を抱いた。そのために英語や経済などを学ぶ必要を感じ、猛勉強して法政大学合格を果たす。大学入学後は、平日は大学に通い、週末は長野県の丸山珈琲小諸店でバリスタ修業に励んだ。忙しい毎日の原動力となったのは、世界王者を目指す強い思いだった。

2012年、大学4年の時にJBC初優勝。その翌年のWBCでは予選敗退だったが、JBCを連覇して臨んだ2014年のWBCで優勝する。「自分が本当に素晴らしいと思うコーヒーを提供できた」という納得の内容で、日本人としても、アジア人としても初の快挙だった。

WBC優勝を果たし、喜ぶ井崎バリスタ（中央）

2014年のWBCでコーヒーを淹れる井崎バリスタ（右）

COLUMN 5

WBCやJBC以外にも、コーヒーの世界大会、日本大会はいくつかある。これらの大会は、2000年にWBCが始まったのが皮切り。日本では2002年、第1回JBCが開催された。その後、さまざまな大会が開かれるようになった。

いずれの日本大会も日本スペシャルティコーヒー協会（SCAJ）が主催しており、優勝者は世界大会に出場できる。ただ、ハンドドリップの技術を競う「ジャパン・ハンドドリップ・チャンピオンシップ」は国内だけの大会だ。

世界大会	WBrC	ワールド・ブリュワーズ・カップ
日本大会	JBrC	ジャパン・ブリュワーズ・カップ

抽出技術を競う大会で、ペーパードリップ、エアロプレスなど使う器具は自由。ただし、エスプレッソマシンなど動力があるものを使うことはできない。

世界大会	WSC	ワールド・サイフォニスト・チャンピオンシップ
日本大会	JSC	ジャパン・サイフォニスト・チャンピオンシップ

サイフォンの抽出技術を競う大会で、ブラックとシグネチャービバレッジをつくる。

世界大会	WCIGSC	ワールド・コーヒー・イン・グッド・スピリッツ・チャンピオンシップ
日本大会	JCIGSC	ジャパン・コーヒー・イン・グッド・スピリッツ・チャンピオンシップ

コーヒーカクテルの味わいなどを競う大会で、アイリッシュコーヒー、オリジナルドリンクをつくる。

世界大会	WLAC	ワールド・ラテアート・チャンピオンシップ
日本大会	JLAC	ジャパン・ラテアート・チャンピオンシップ

カフェラテやカプチーノの図柄の芸術性や技術を競う。味は審査対象ではない。

世界大会	WCRC	ワールド・コーヒー・ロースティング・チャンピオンシップ
日本大会	JCRC	ジャパン・コーヒー・ロースティング・チャンピオンシップ

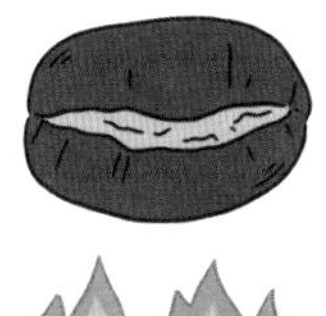

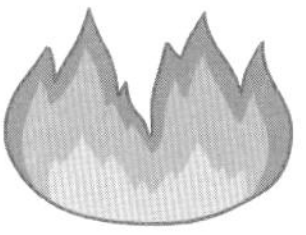

焙煎技術を競う。豆は課題豆を使用する。

世界大会	WCTC	ワールド・カップ・テイスターズ・チャンピオンシップ
日本大会	JCTC	ジャパン・カップ・テイスターズ・チャンピオンシップ

カッピング技術を競う大会で、3種類のカップのうち、異なる1つをあてる。正確性と速さを競う。

日本大会	JHDC	ジャパン・ハンドドリップ・チャンピオンシップ

ハンドドリップ技術を競う。国内限定ながら、出場者数はSCAJ主催の大会の中で最大規模。

大会にはショップで働くバリスタだけではなく、一般の人も出場することができる。実際にJLACやJHDCに挑むホームバリスタもいる。

このほか、コーヒーショップなどが主催する各種大会も増えており、門戸は広がっている。腕試しに出場してはいかが。大会は見学できるものが多いので、一流の技を間近で眺めるのも面白い。

第6章

コーヒーを極めよう

焙煎によって酸味や苦味が生まれるのも
抽出でコーヒー成分が引き出されるのも
化学反応によるものだ。
コーヒーに関する科学を知り
コーヒーを極めよう。

ピンポーン
おっ
来たかな
いらっしゃい
久しぶりー
いいにおい
ほんとだ
お〜
コーヒー淹れる
から座ってて
すごーい

どうぞー
美味い！
ほんとー
コーヒー苦手だけど
これなら飲める
お店できるん
じゃない？
ありがとう！
うれしい！
われながら美味い
ボクもバリスタに
なれるかな…

適正な抽出とは

適正に抽出できたかどうか見極めるため、まずは抽出を「適正抽出」「未抽出」「過抽出」の３カテゴリーにわけて捉えよう。

適正抽出とは、コーヒーから適切な量の成分を引き出すことができた抽出のこと。酸味と苦味のバランスがよく、甘みも感じられ、味わいの余韻が残る。

未抽出は、成分を引き出しきれていない抽出のこと。あまり質のよくない酸味が強くて酸っぱい一方で、甘さや苦味は不十分。後味も続かない。

過抽出は、過剰に成分を引き出してしまった抽出のこと。苦味が際立ち、えぐみや雑味もある。のどが渇くようなドライな口あたりで、口の中がキュッキュッとする収斂(しゅうれん)味もある。

未抽出、適正抽出、過抽出のイメージ

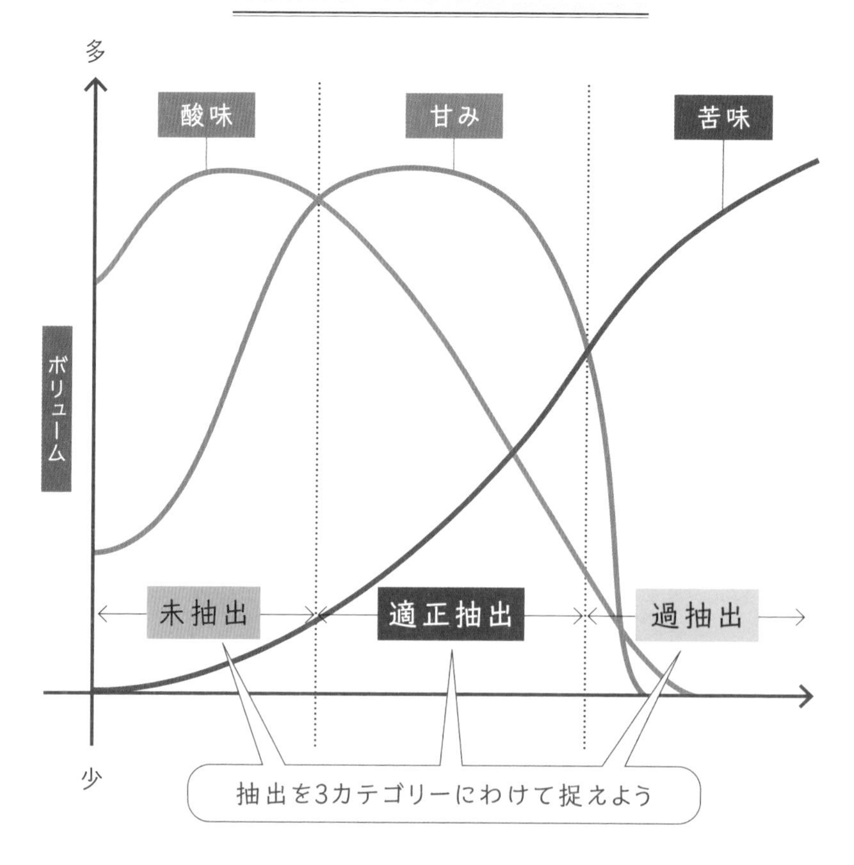

適正抽出になるか、未抽出や過抽出になるかは、抽出のそれぞれの要素に起因する。未抽出は粉の粒度が粗すぎる場合などに起こる。過抽出はお湯の温度が高すぎたり、微粉が多すぎたりする場合に起こる。このほか、お湯の量が適正かどうか、蒸らしが十分かどうかなども、抽出の完成度に影響する。

適正抽出　酸味と苦味のバランスがよい

抽出に成功し、粉から適切な量の成分を引き出せている。酸味と苦味のバランスがよく、甘みも感じられる。味わいの余韻が心地よく残る。

未抽出　酸っぱさが際立ち甘みが弱い

成分を引き出しきれておらず、酸味が強くて酸っぱい一方で、甘さや苦味は足りない。粉の粒度や量、湯温などで調整しよう。

過抽出　苦味やえぐみが際立つ

過剰な抽出で、苦味が際立ち、えぐみや雑味もある。粒度や湯温などで調整しよう。微粉が多すぎる場合はコーヒーミルの手入れや買いかえをオススメしたい。

抽出を評価する指標：収率とTDS

抽出を数値で評価する指標に「収率(Extraction Yield)」と「TDS (Total Dissolved Solids)」がある。収率はコーヒー豆に含まれる成分をどれだけ引き出すことができたかを表し、TDSはコーヒー液の濃度を表す。

望ましい収率やTDSの値は、焙煎度合いなど個々のコーヒー豆の特徴、抽出方法によって異なる。そのため「適正抽出はこの数値」と言い切ることは難しく、世界中のトップバリスタたちが研究を進めている。

ここでは参考に、アメリカスペシャルティコーヒー協会（SCAA）の指標を示す。SCAAは、適正抽出の目安を収率18〜22％とし、これより低いと未抽出、これより高いと過抽出としている。TDSの適正抽出の目安は抽出方法によって変わり、ドリップの場合は1.15〜1.35％とする。

収率・TDSと抽出の関係

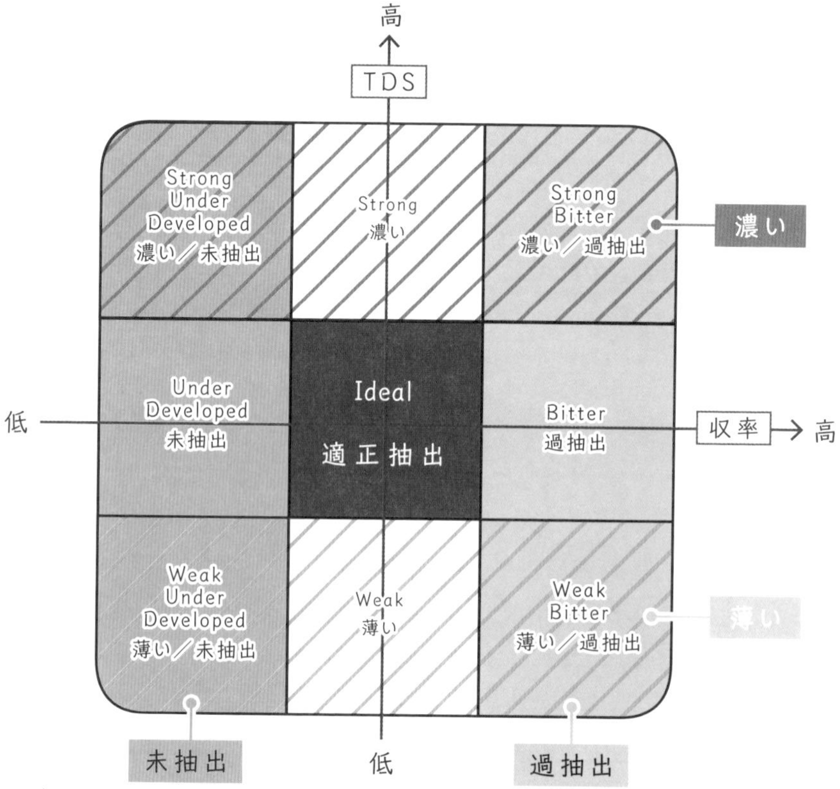

高
TDS
Strong Under Developed 濃い／未抽出
Strong 濃い
Strong Bitter 濃い／過抽出
濃い
低
Under Developed 未抽出
Ideal 適正抽出
Bitter 過抽出
収率
高
Weak Under Developed 薄い／未抽出
Weak 薄い
Weak Bitter 薄い／過抽出
薄い
未抽出
低
過抽出

収率の計算式

収率とは、抽出に用いる粉に対する、抽出できたコーヒー成分の重量割合のこと。18〜22%が適正抽出の目安といわれる。

コーヒーの収率の上限は30%程度といわれるが、ここまで溶解させると過抽出になってしまう。

$$収率 = \frac{コーヒー成分の重量}{コーヒーの粉の重量} \times 100$$

TDSの計算式

TDSとはコーヒー液の濃度で、抽出したコーヒー液に含まれるコーヒー成分の重量割合のこと。

望ましいTDSは抽出方法によって変わる。適正抽出の目安は、ペーパードリップで1.15〜1.35%程度、エスプレッソでは7.5%〜10.0%程度といわれている。

$$TDS = \frac{コーヒー成分の重量}{コーヒー液の重量} \times 100$$

収率の求め方

収率は機器では測定できない。収率を求めるためには、P205に示した収率の式をTDSを含む式に変形し、専用機器でTDSを計測すればよい。

「抽出したコーヒー液の重量」は、抽出後にスケールで量ろう。

収率の求め方

$$\text{収率} = \frac{\text{コーヒー成分の重量}}{\text{コーヒーの粉の重量}} \times 100$$

$$= \underbrace{\frac{\text{コーヒー成分の重量}}{\text{コーヒー液の重量}} \times 100}_{\text{TDS}} \times \frac{\text{コーヒー液の重量}}{\text{コーヒーの粉の重量}}$$

TDSを測定するTDS計

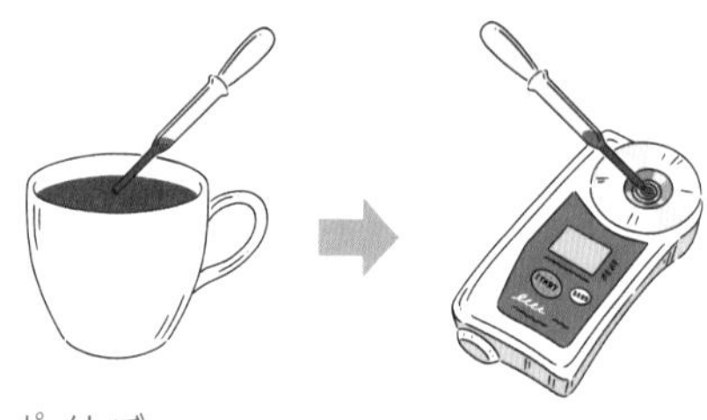

スポイトで
コーヒー液を採取

TDS計に
液をたらして測定

TDSは、TDS計という機器で測定できる。液体に含まれる溶解物の重量割合を測る機器で、水質検査などでも用いられる。TDS計には、光の屈折率を測定するものと、液中に含まれる糖分を測定するものがあり、仕組みにより精度は異なる。

例題として、第２章のペーパードリップの粗挽きレシピ（レシピ1。コーヒーの粉：お湯＝８：100）、第５章のペーパードリップ細挽きレシピ（レシピ２。コーヒーの粉：お湯＝６：100）の収率を求めてみよう。

TDS計があれば測定して算出してほしいが、適正抽出の目安のTDSはレシピ1では1.4〜1.6%、レシピ２では1.2〜1.4%なので、ここではこの数値で計算しよう。

［例題］

レシピ1でTDS 1.4〜1.6%、レシピ2でTDS 1.2〜1.4%の場合、収率はいくつになるか。

［答え］

ドリップで注いだお湯は、ペーパーフィルターや粉に1割前後、吸収される。ここでは、レシピ1では粉8g、レシピ2では粉6gを使い、それぞれお湯100gを注いで90gのコーヒー液ができたと仮定して算出する。

<レシピ1>

TDS 1.4%の時の収率 $= 1.4 \times \frac{90}{8} = \underline{15.8\%}$

TDS 1.6%の時の収率 $= 1.6 \times \frac{90}{8} = \underline{18.0\%}$

<レシピ2>

TDS 1.2%の時の収率 $= 1.2 \times \frac{90}{6} = \underline{18.0\%}$

TDS 1.4%の時の収率 $= 1.4 \times \frac{90}{6} = \underline{21.0\%}$

収率とTDSの調整

収率やTDSに影響する要素は、粉の粒度や量などいくつかある。収率やTDSを調整するために抽出レシピを変える場合、複数の要素を同時に変えるのではなく、まずは1つの要素のみを調整し、それでも改善しなければ別の要素を変えよう。

最初に調整したいのは粒度。粒度を粗くすると収率やTDSは低くなり、粒度を細かくすると収率やTDSは高くなる。粒度を調整しても適正抽出にならなければ、粉の量や湯温を調整しよう。ただ、粉の量はちょっと注意が必要だ。粉の量を多くすると、TDSは上がるが収率は下がる。少なくすると、TDSは下がり収率は上がる。

焙煎度合いによって収率やTDSが変わることにも注意したい。第5章（P171）で触れたように、深煎りは細胞壁が軟らかいために成分を引き出しやすく、同じ条件で抽出すると収率やTDSは高くなりやすい。浅煎りは細胞壁が硬く、成分を引き出しにくいために収率やTDSは低くなる傾向にある。そのため、扱うコーヒー豆ごとにTDSを測定し、レシピを調整している店もある。

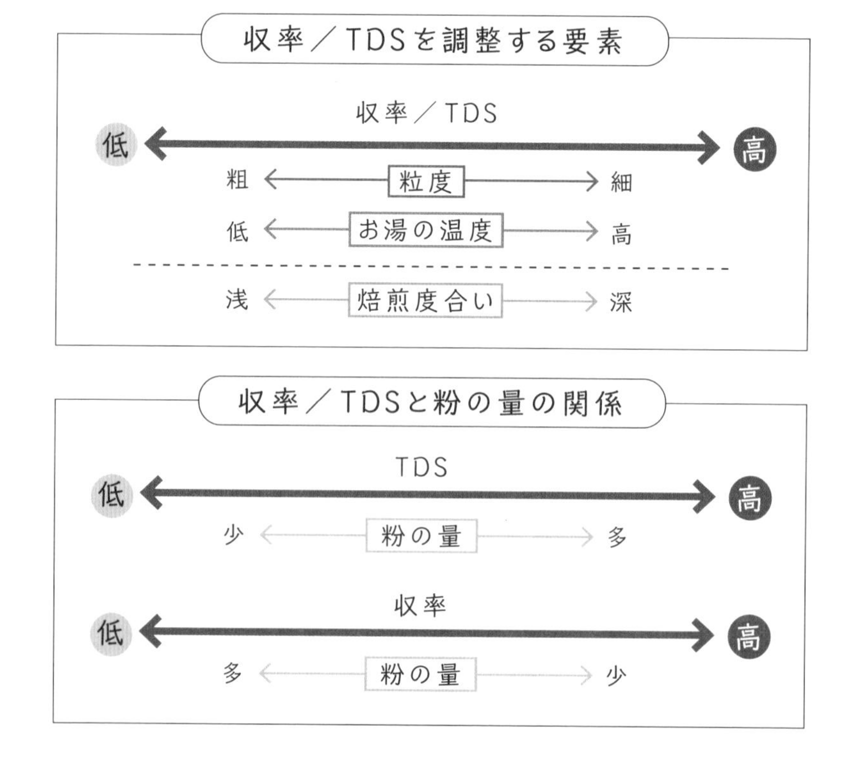

適正抽出ではないコーヒーのうち、「未抽出で薄い」「過抽出で濃い」ものはわかりやすいだろう。ただ、収率とTDSは必ずしも比例するわけではなく、「未抽出で濃い」「過抽出で薄い」ものもある。

TDSが表すのは、コーヒー液全体に含まれるコーヒー成分の割合だ。それぞれの粉を個別にみると、ある粉は過抽出、別の粉は未抽出ということが起こりえる。このような不均一な状況だと、TDSは高いのに収率は低い、TDSは低いのに収率は高いという、やっかいな抽出になってしまう。それぞれの抽出を適正抽出に近づけるには、抽出レシピを調整しよう。

適正抽出への調整法

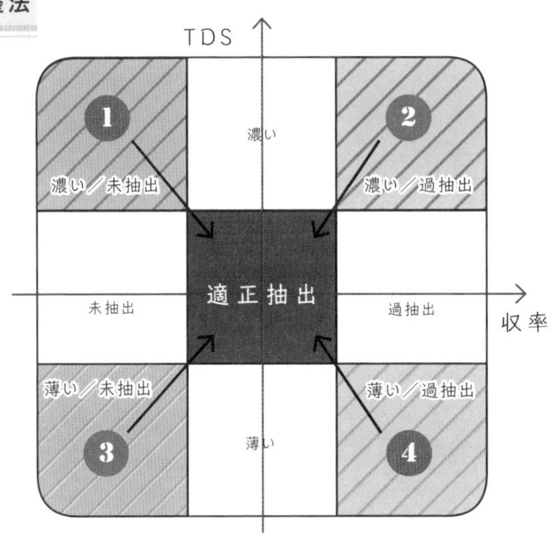

1 未抽出で濃い

粉を減らす

少々やっかいな抽出。粉の量が多すぎるケースが多いため、まずは少し粉を減らそう。それでも改善しなければ、粒度を粗くしよう。

2 過抽出で濃い

粗挽きにする

収率、TDSともに下げる必要があり、粒度を粗くすることが有効。それでも改善しなければ、お湯の温度を下げて抽出力を下げよう。

3 未抽出で薄い

細挽きにする

収率、TDSともに上げる必要があり、粒度を細かくすることが有効。それでも改善しなければ、お湯の温度を上げて抽出力を上げよう。

4 過抽出で薄い

粉を増やす

少々やっかいな抽出。粉の量が少なすぎるケースが多いため、まずは少し粉を増やそう。それでも改善しなければ、粒度を細かくしよう。

コーヒーの生豆に含まれる成分

　コーヒーの生豆には、焙煎後に酸味や苦味、甘み、フレーバーの元になるさまざまな成分が含まれている。各成分の含有量は生産国や品種、生産処理方法などによって微妙に異なる。

　ここでは主な成分を紹介する。最も多いのは多糖類で、３〜４割程度含まれる。次いで、タンパク質・アミノ酸、クロロゲン酸類、脂質、水分がそれぞれ1割前後。少糖類が５％前後ある。さらに、カフェインなども含まれている。

コーヒーの生豆に含まれる成分

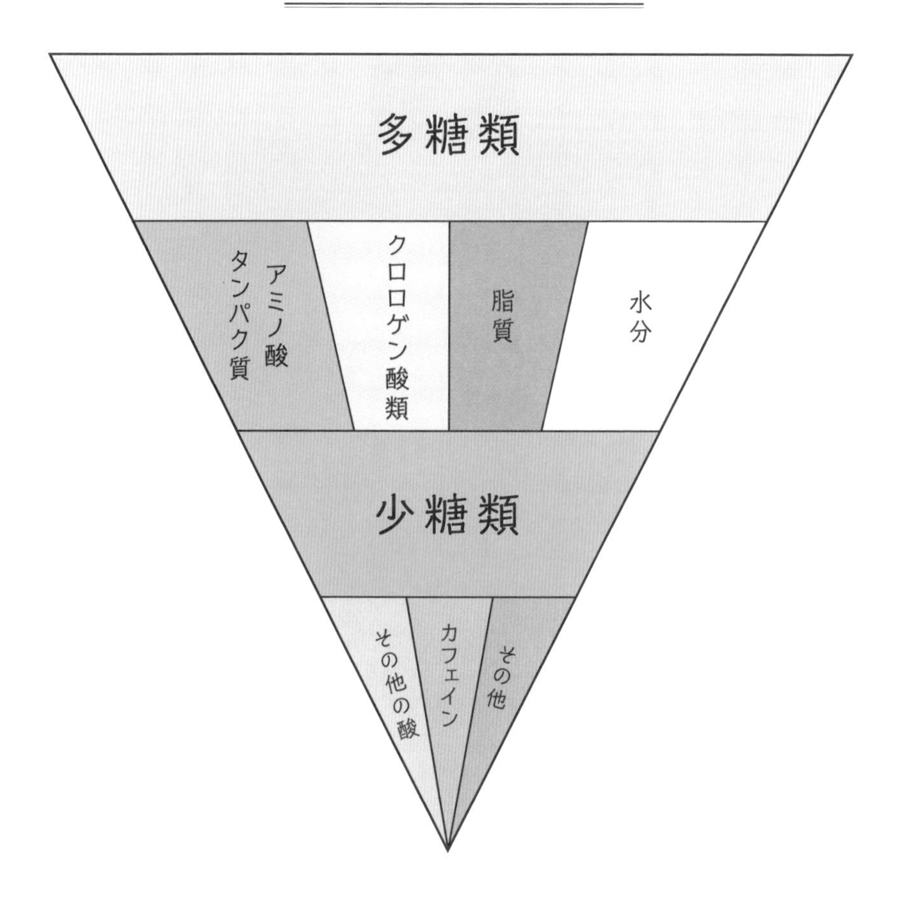

[生豆に含まれる主な成分]

多糖類

マウスフィールに影響

糖の最小サイズの単糖分子がたくさん連なった、分子量が大きい糖類のこと。多糖類にはデンプン、細胞壁のセルロース、アミロースなどがあり、人の体内で分解できるものは糖質、分解できないものは食物繊維と呼ばれる。分子量が大きく、マウスフィールに影響する。

脂質

質感に影響

コーヒーオイルとも呼ばれる油脂類で、質感に影響する。水に溶けにくく、抽出方法によって含まれる度合いは変わる。ドリップの場合は引き出しにくい上、抽出できた脂質の多くはペーパーで取り除かれる。粉をお湯に漬けるフレンチプレス、高圧をかけて抽出するエスプレッソの場合、コーヒー液に比較的多く含まれる。

タンパク質・アミノ酸

フレーバーや香りの元

タンパク質はアミノ酸が結合したもの。アミノ酸にはグルタミン酸などがある。ショ糖と一緒に熱を加えると「メイラード反応」で褐色になって香味を生み出し、これによってコーヒーのフレーバーや香りが生まれる。

少糖類

甘みを生み出す

分子量が比較的小さい糖類のことで、砂糖の主成分であるショ糖（スクロース）やブドウ糖（グルコース）、乳糖（ラクトース）など。コーヒーの甘みに大きく関与し、コクを生み出すとみられている。アラビカ種には1割前後含まれるが、カネフォラ種には数％しか含まれていない。

クロロゲン酸類

生活習慣病に効果？

ポリフェノールの一種で、苦味の元になる成分の一つ。ただ、雑味の原因ともされる。近年、コーヒーには生活習慣に起因する「２型糖尿病」を改善し、ガンの発生を抑える効果があるという研究報告が相次いでいるが、それはクロロゲン酸類の効果が大きいとみられている。

カフェイン

中枢神経を興奮させる

コーヒーの成分というと、まず思い浮かべる人も多いのでは。とはいえ、含有量はアラビカ種で1％前後。カネフォラ種はアラビカ種より多いが、それでも２％程度と少ない。ただ、中枢神経を興奮させる作用や利尿促進などの効果が確認されており、医薬品にも用いられている非常に有名な成分だ。

焙煎時の化学反応

熱分解

フレーバーを生む

熱を加えると分子の結合が弱まり、分子構造は変化する。クロロゲン酸がキナ酸とコーヒー酸に分解したり、ショ糖がさまざまな有機酸を生成したりする。これにより、コーヒーの複雑なフレーバーが生まれる。

メイラード反応

フレーバーや香味を生む

糖、タンパク質・アミノ酸に熱を加え、褐色色素（メラノイジン）を生成する反応。フレーバーや香味を生み出す。よく知られるメイラード反応に、肉やパンを焼くと褐色になる現象がある。それにより、香ばしさや独特の味わいが生まれる。

カラメル化

甘みや苦味を生む

糖に熱を加え、カラメル色素を生む反応。カラメル色素があると、その食べ物は褐色になり、甘みや苦味を含むようになる。よく知られるカラメル化に、焦げた砂糖がカラメルになる現象がある。

焙煎による生豆の変化

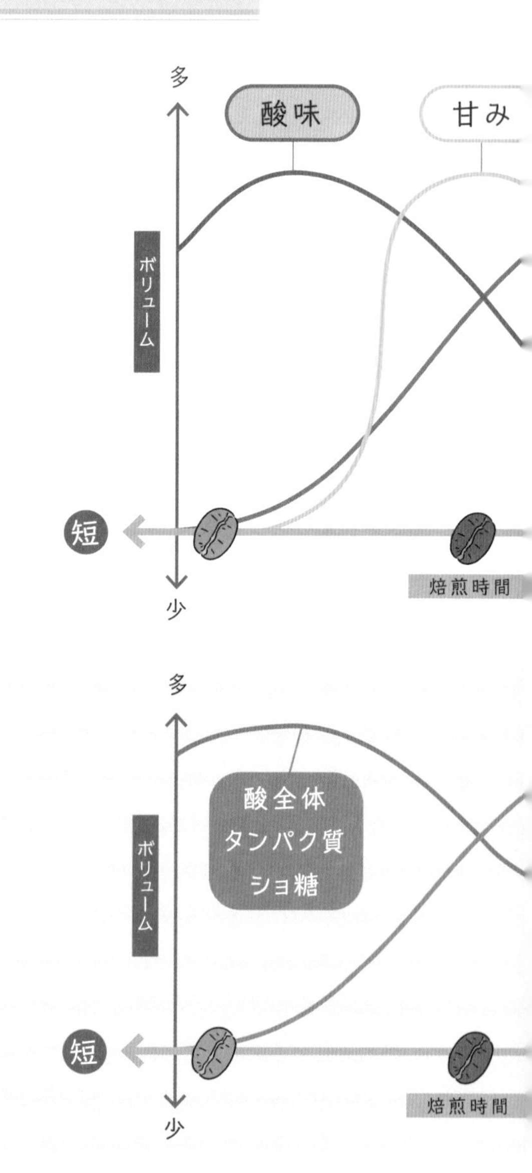

多くの物質は、熱を加えると変化する。コーヒーの生豆も同様だ。

浅煎りは酸味が、深煎りは苦味が強いのは、焙煎に伴う化学反応による。焙煎の過程で起こる主な反応には、熱分解、メイラード反応、カラメル化の３つが挙げられる。

熱分解は、熱を受けた物質の分子構造を変える反応で、フレーバーを生み出す。メイラード反応は、熱により褐色物質が生まれる反応で、フレーバーや香味を生み出す。カラメル化は、カラメル色素を生む反応で、甘みや苦味を生み出す。

生豆にもともと含まれているクエン酸やリンゴ酸に加え、クロロゲン酸類が分解されて生成するキナ酸、少糖類が分解されて生成する酢酸などによるとみられている。豆によってこれらの比率が異なるため、コーヒーによって酸味の質や強さが変わる。酸の量は焙煎の途中までは増えるが、焙煎が進むと酸は熱分解されるため、深煎りでは酸味が減る傾向にある。

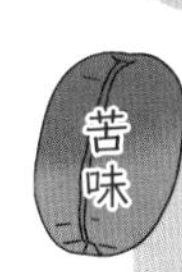

苦味の元となる成分はさまざま。すぐ思い浮かべるのはカフェインかもしれないが、デカフェのコーヒーにも苦味はある。メイラード反応で生じる褐色色素の影響が大きい。肉やパンを焼いた時に、焦げるまで焼くと苦味が生じるのと同様で、コーヒーも焙煎が深くなると苦味が強くなる。カラメル化で生じるカラメル色素も苦味を生む。

酸味、苦味に比べて研究が進んでいないものの、カラメル化により生じるフラノン類などで生まれるとみられている。生豆に含まれているショ糖は、焙煎するとすぐに熱分解されてしまう。フラノン類は、食品に風味をつける際の着香料として用いられており、鼻に抜ける甘い香りがある。

焙煎による成分の変化

成分ごとにみると、焙煎が進むにつれて減るものも増えるものもある。焙煎が進むと減る成分は、酸全体、タンパク質やショ糖。増えるものに酢酸、脂肪酸、乳酸がある。これらの成分の含有割合により、それぞれの豆によって特徴のある味わいになる。ただ、焙煎後の成分は数百種類にのぼるといわれ、研究途上だ。

COLUMN 6

あの人もコーヒーが好きだった

コーヒーは古今東西、多くの人に愛されてきた。ここではコーヒー好きといわれている偉人、有名人にまつわるエピソードを紹介する。

ルイ14世

1638～1715

フランス、アフリカ諸国に広まるきっかけになった

ブルボン朝時代のフランス国王で、72年の在位記録は「中世以後の国家元首で最長」としてギネス世界記録に認定されている。オスマン・トルコ帝国の大使と面談した際にトルコ式コーヒーを紹介されたことが、フランスにコーヒーが普及していくきっかけになった。またブルボン島（現・レユニオン島）にコーヒーを持ち込み、ここからアフリカ諸国に広がったといわれる。

一日3時間睡眠の源はコーヒー？

フランス革命後に活躍した軍人で、軍隊にコーヒーを取り入れたといわれる愛好家。流刑されて最期を迎えることになったセントヘレナ島は、アフリカ大陸西岸から2,800km離れた孤島。この地で、毎食後に必ずコーヒーを飲んだという。睡眠は一日3時間という逸話が残っており、その源はコーヒーだったのではないだろうか。

ナポレオン

1769～1821

日記にコーヒーへの愛を記す

チェ・ゲバラ

1928 ~ 1967

アルゼンチン出身で、カストロ兄弟とともにキューバ革命を成功させたゲリラ隊の指導者。1959年に訪日して広島の原爆死没者慰霊碑に献花している。亡くなる1週間前の日記に「油が浮いた鍋でコーヒーをつくったが、とても美味しかった」と記している。コンゴやボリビアなどでも闘争に参加しており、活動の合間にはコーヒーで一息ついていたのかもしれない。

「珈琲」の名付け親

幕末の蘭学者で「珈琲」という漢字を考案した。コーヒーチェリーの赤い実が女性のかんざしに似ていることから、玉飾りの「珈」と、玉飾りの紐の「琲」を組みあわせた。他にも西洋から入ってきた言葉を翻訳し、「酸素」「水素」「炭素」などの名付け親だといわれている。

宇田川榕菴

1798 ~ 1846

文芸仲間とコーヒー楽しむ

石川啄木

1886 ~ 1912

歌集『一握の砂』などが有名な明治時代の歌人・詩人。北原白秋、高村光太郎、永井荷風ら文芸仲間とコーヒー愛好会「パンの会」をつくり、毎月、日本橋のカフェに集まってコーヒーや文芸談義を楽しんだ。あの名作は、コーヒーを片手に生まれたのかもしれない。

コーヒー用語集

あ行

アフターテイスト
コーヒーを飲み込んだ後の余韻のこと。高品質なコーヒーは甘さを残して消えていくが、イマイチなものは刺激的な心地よくない風味が残る。

アフターミックス
ブレンドの手法。生豆を個別に焙煎してから混ぜる方法のこと。

アラビカ種
コーヒーを収穫できる「コーヒーノキ」の「三大原種」の1つ。良質な酸味、フレーバーを含んでおり、一般的に飲まれているコーヒーはアラビカ種が中心。特にスペシャルティコーヒーは100%がアラビカ種だ。三大原種はほかに、カネフォラ種とリベリカ種がある。

アルコールビバレッジ
エスプレッソにアルコールを加えたドリンク。「コーヒーカクテル」などともいう。

イタリアンロースト

焙煎の種類のうち、最も焙煎時間が長いもの。酸味はほとんどなくて苦味が強く、深煎りに分類される。エスプレッソなどに使われる。

ウォッシュド
コーヒーチェリーからタネを取り出して、コーヒー豆にする「生産処理」の代表的な方法。果肉を除去した後に水に漬け、乾燥させてから脱殻する。水に漬けることなどにより、スッキリとしたクリーンな味わいとなる。湿気と降雨量が多いジャワ島で17世紀に考案された。

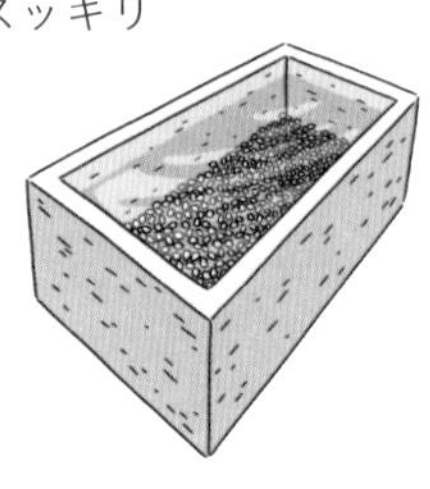

エアロプレス
2005年に生まれた新しい抽出方法。器具にコーヒーの粉、お湯全量をセットしてから、注射器のように圧力をかけて抽出する。短時間で抽出するためにスッキリとした味わいになるが、圧力をかけるためボディ感を出すこともできる。

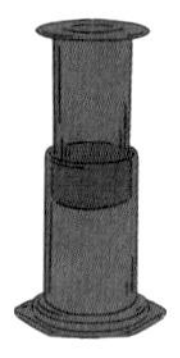

SL28, SL34
コーヒーの品種の1つ。古くから栽培されている品種「ブルボン」の突然変異種で、ドライフルーツのような特徴的な酸味がある。ケニアの「スコット研究所（現ケニア国立農業研究所）」で生み出された。

エスプレッソ
イタリアで人気が高いコーヒーの抽出方法。圧力をかけながら抽出するため、コーヒーのオイルが乳化してまったりとした口あたりになる。苦味や濃厚さが強いが、良質なものは甘みや酸味、アロマを感じられる。

エチオピア原種
コーヒーの品種。エチオピアには野生のコーヒーノキが多く、分類しきれないためこう呼ばれる。英語では「Ethiopian Heirloom」といい、「ヘアルーム」や「エアルーム」ともいう。総じて、花のようなフレーバーがあるのが特徴。

オールドクロップ
前年度以前に収穫されたコーヒー豆のこと。

か行

加圧法
コーヒーの粉に、圧力をかけながらお湯をかけて短時間で成分を引き出す抽出方法。エスプレッソが該当する。

カッピング
コーヒーの品質や特徴を確認するために行うテイスティングのこと。専用のスプーンでコーヒーを霧状にして口に含み、味わいや香り、印象などを総合的に評価する。

カップ・オブ・エクセレンス（COE）
生産国で年に1度開かれる国際的な品評会。世界中からコーヒーのプロたちが集まり、品質や味わいを評価して点数、順位をつけていく。COEで入賞したコーヒーも「カップ・オブ・エクセレンス」と呼ばれ、入賞した豆は世界各国のコーヒー業者が参加するインターネットオークションで販売される。

カトゥーラ
コーヒーの品種の1つ。「ブルボン」の突然変異種で、「カツーラ」とも呼ばれる。中南米を中心に、比較的多くの国で生産されている。軽やかな甘さがあり、口あたりはライト。

カネフォラ種
コーヒーノキの三大原種の1つ。酸味がほとんどなく、苦味が強い。缶コーヒーや業務用コーヒー、インスタントコーヒーなどに使われる。エスプレッソにブレンドされることもある。

カフェイン
コーヒーの成分として非常に有名で、中枢神経を興奮させる作用や利尿促進などの効果が確認されている。ただ、含有量はアラビカ種で1％前後、カネフォラ種で2％程度と少ない。カフェインを除去したコーヒーは「カフェインレス」「デカフェ」と呼ばれる。

クリーンカップ

味わいに透明感があるコーヒーをさし、高品質のコーヒーに欠かせない条件。雑味やえぐみがあると、コーヒーの個性を感じにくい。

グレインプロ

コーヒー輸送用の麻袋の内側につける、緑色のプラスチックの袋のこと。「グレインバッグ」ともいう。生豆を外気から守ることができ、輸送中の品質保持に役立つ。

クレマ

エスプレッソの表面に浮かぶ、泡の層のこと。きれいに浮かんでいるエスプレッソは、抽出に成功したもの。

ゲイシャ

コーヒーの品種の1つ。複雑で繊細な味わいがあり、非常に人気が高い。2004年に開かれたパナマの品評会「ベスト・オブ・パナマ」に出品されて高評価を受け、知名度も人気も一気に高まった。

欠点豆

味わいや風味に悪影響を及ぼすコーヒー豆のこと。変形したり割れたり、未成熟だったり、虫に食われたり……とさまざまある。味わいを損ねる原因になる。

コーヒーチェリー

コーヒーノキになる実。内部にあるタネを取り出し、乾燥させたものがコーヒー豆になる。

コーヒーバッグ

コーヒーの粉を入れたメッシュの布袋。ティ　バッグと同様、お湯に漬けるだけでコーヒーを淹れることができる。ドリップバッグよりオススメ。

コーヒーベルト

赤道をはさむ北緯25°～南緯25°のエリアのこと。コーヒー栽培に適した気候で、南米のブラジル、アフリカのエチオピアなど人気のコーヒー産地が集中している。

コーヒーミル

コーヒーの豆を粉にする道具。「グラインダー」ともいう。価格も性能もピンキリ。刃のつくり、素材ともしっかりしており、粉の挽き目が揃うものを選びたい。高性能のミルで挽くと、微粉は発生しにくい。

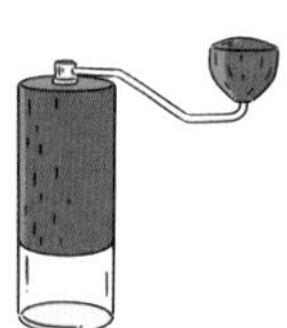

コーヒー用スケール

重量と時間を同時に測定できる、コーヒー専用のスケール。美味しいコーヒーを淹れるためには、コーヒー豆の重さ、お湯の重さ、抽出時間の３つをきちんと測定することがとても大切。

コマーシャルコーヒー

大量生産されるものの中では比較的品質のよいコーヒー。一般的に流通しているもので、「コモディティコーヒー」ともいう。

さ行

サイフォン

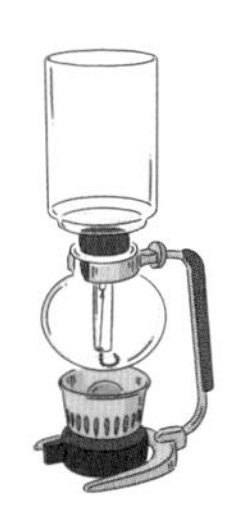

ロートとフラスコを用い、蒸気圧を使って抽出する器具のこと。高温のお湯で、短時間で成分を引き出すため、やや重みのある味わいになる。

サスティナビリティ

持続可能性のこと。コーヒー豆は生産コストを下回る価格で取引されるケースが多く、離農者は増えている。そのため、生産者が安心して栽培を続けられる環境整備が重要。

さび病

コーヒーノキの大敵。カビが葉に寄生し、木から木に伝染する。雨季に発生しやすい。収穫量を激減させ、木を枯らすこともある。

酸味

コーヒーは、コーヒーチェリーというフルーツの実からつくられるため、高品質なものにはフルーツならではの良質の酸味がある。また、浅煎りだと酸味が多く、深煎りだと少なくなる。

シェードツリー

適度な日陰をつくり、過剰な直射日光からコーヒーノキを守るために植えられる樹木のこと。コーヒーノキよりも樹高があり、収穫もできるバナナやパパイヤなどが多い。

シティロースト

焙煎の種類のうち、４番目に焙煎時間が長いもの。十分な酸味があり、苦味やロースト感も増す。「中煎り」としてお店に並ぶこともある。

シナモンロースト

焙煎の種類のうち、２番目に焙煎時間が短いもの。酸味が強く、苦味はほとんど感じられない。

収率

適正抽出できたかどうかの指標になる数値。コーヒー豆に含まれる成分をどれだけ引き出すことができたかを表し、18～22％が適正抽出の目安といわれる。

浸漬法

コーヒーの粉をお湯に浸して成分を引き出す抽出方法。代表的なものに、フレンチプレスがある。

スペシャルティコーヒー

コーヒーのランクのトップ。規格や認証があるわけではなく、「個性的な風味、味わいのある高品質のコーヒー」をさす。「日本スペシャルティコーヒー協会(SCAJ)」など、定義を設けている団体もある。

生産処理

コーヒチェリーからタネを取り出し、コーヒー豆をつくる一連の工程のこと。「精製」とも呼ばれる。方法によってコーヒー豆の味わいが変わり、品質を左右する。

た行

抽出

コーヒーに含まれている成分をお湯や水に溶け出させること。抽出方法や器具によって味わいも変わる。大別すると「透過法」「浸漬法」「加圧法」の３種類がある。

TDS

溶液の濃度のこと。コーヒーの場合は抽出したコーヒー液に含まれるコーヒー成分の重量割合を表す。適正抽出の目安は、ペーパードリップで1.15〜1.35％程度、エスプレッソでは7.5％〜10.0％程度といわれている。

ティピカ

コーヒーの品種の1つ。原種に近い最古の栽培品種で、ルーツはエチオピアにある。現在、流通している品種の多くはティピカの変異種や交配種。さわやかな酸、マイルドな味わいが特徴で、比較的多くの国で栽培されている。

ディフェクト

コーヒーの欠点のこと。カッピングでは、ディフェクトの有無もチェックする。

透過法

コーヒーの粉にお湯を注いで成分を引き出す抽出方法。代表的なものにペーパードリップがある。抽出する人の技術によって、味わいに差が出やすい。

トレーサビリティ

生産情報の追跡可能性のこと。コマーシャルコーヒーには生産情報がはっきりしていないものが多いが、スペシャルティコーヒーは生産情報の透明性が高い。これが品質の高さにつながっている。

な行

ナチュラル

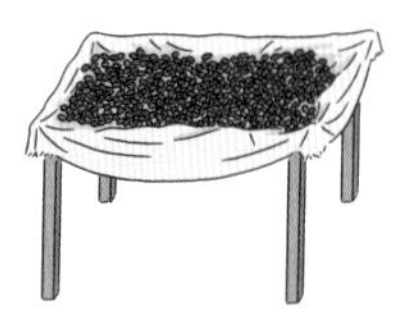

最もシンプルで伝統的な生産処理方法。コーヒーチェリーを天日乾燥させた後、果肉やパーチメントを取り除いてタネを取り出す。乾燥する過程で発酵するため、コクのある味わいになり、香りも濃厚になる。ただ、発酵させすぎると風味は落ちる。

生豆

焙煎前の豆のことで、「なままめ」と読む。「グリーンビーンズ」とも呼ばれる。

苦味

生豆を焙煎する過程で生まれる。焙煎時間が短い浅煎りだと比較的少なく、焙煎時間が長い深煎りだと比較的多い。

日本スペシャルティコーヒー協会（SCAJ）
日本のコーヒー文化の発展、コーヒー生産国の環境改善などを図るため、2003年に設立された団体。スペシャルティコーヒーを扱う会社やコーヒーショップなどでつくる。各種大会を主催したり、コーヒー関係者や消費者向けのイベントを開いたりしている。

ニュークロップ
その年に収穫されたコーヒー豆のこと。水分量が多く、みずみずしい。

ネルドリップ
起毛のある柔らかな布の「ネル」を使い、ドリップすること。トロッとした舌触り、独特の重みが出る。お店では「点滴ドリップ」と呼ばれる、1滴づつたらすように注湯することも多い。

は行

焙煎
コーヒーの生豆に熱を入れること。「ロースト」ともいう。焙煎前の生豆を使って抽出しても青臭さが際立ち、美味しくはない。コーヒー独特の酸味や苦味、甘みを生み出す、非常に大切な工程だ。

ハイブリッドティモール
アラビカ種とカネフォラ種が偶然、掛けあわさった品種。病気や害虫に強いというカネフォラ種の特徴を受け継ぐ。味わいは、純粋なアラビカ種に比べるとやや劣るものが多いが、品種改良によって風味がよいものも生まれている。

ハイロースト

焙煎の種類のうち、4番目に焙煎時間が短いもの。酸味と苦味のバランスが比較的よく、「浅煎り〜中煎り」としてお店に並ぶこともある。

パカマラ
コーヒーの品種の1つ。エルサルバドル生まれの人工交配種で、他の品種に比べて非常に粒が大きいのが特徴。きれいなフレーバー、クリーミーな触感がある。

ハニープロセス
ナチュラルとウォッシュドの中間といえる生産処理方法。タネを包むネバネバした粘液質の「ミューシレージ」を一部残して乾燥させる。ミューシレージの除去割合によって「ホワイトハニー」「イエローハニー」「レッドハニー」「ブラックハニー」に区分される。ホワイトハニーはウォッシュドに近く、ブラックハニーはナチュラルに近い味わいになる。

ハンドピック
コーヒー豆から、欠点豆、小石や枝などの異物を手で1つずつ取り除くこと。生産者が出荷前に行ったり、コーヒーショップのスタッフが焙煎前や焙煎後に行ったりする。欠点豆があると、焙煎時に均一に火が通りづらくなり、抽出したコーヒーの味わいを損ねる原因になる。

ピーベリー

タネが1つしか入っていないコーヒーチェリーからつくられたコーヒー豆のこと。通常、コーヒーチェリーの中にはタネが２つ入っているが、1つしかないため丸い形をしている。非常に珍しい。

微粉

非常に細かい粉のこと。コーヒー豆を粉砕する時に発生し、えぐみや雑味の原因になる。美味しく抽出するためには、微粉の発生をなるべく抑えることがとても大切。

フルシティロースト

焙煎の種類のうち、３番目に焙煎時間が長いもの。酸味は少なくなり、苦味が強い。「中深煎り～深煎り」としてお店に並ぶこともある。

ブルボン

コーヒーの品種の1つで、ティピカに並ぶ古い品種。ブラジル、グアテマラなど、多くの国で栽培されている。「イエローブルボン」「レッドブルボン」などもある。

フレーバー

酸味や苦味、甘みといった味わい、香りなどの総合的な印象のこと。コーヒーの味わいを評価する上で、非常に重要。

フレーバーホイール

フレーバーを分類した図表。世界中の人々が共通して理解できるようにと開発された。ワインの香りの分類を示す「アロマホイール」がベースになっている。

プレミックス

ブレンドの手法。生豆を混ぜてから、全部の豆を同時に焙煎する方法。

フレンチプレス

コーヒーの粉をお湯に漬けて成分を引き出す器具のこと。コーヒーオイルも含め、コーヒーの成分を丸ごと抽出できる。日本では紅茶に用いられることも多い。

フレンチロースト

焙煎の種類のうち、２番目に焙煎時間が長いもの。苦味が強く、「深煎り」としてお店に並ぶこともある。

ペーパードリップ

日本で最も一般的で、人気も高い抽出方法。「ハンドドリップ」「プアオーバー」などとも呼ばれる。コーヒーの粉をドリッパーにセットし、お湯を注いで抽出する。

ま行

マイクロミル

小規模な生産処理施設のこと。1つの農園または、いくつかの農園で栽培されたコーヒーを扱う。工夫を凝らし、丁寧な生産処理を行っている施設が多い。

マウスフィール

口あたり、食感のこと。好印象だと「クリーミー」「ベルベットのよう」などと、イマイチだと「ざらざらした」「渋い」などと表現される。

ミディアムロースト

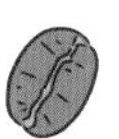

焙煎の種類のうち、3番目に焙煎時間が短いもの。「浅煎り」としてお店に並ぶこともある。

蒸らし

コーヒーの粉にお湯を注いだ直後に始まる、粉が二酸化炭素を放出して膨らむ状態のこと。じっくり蒸らすことが美味しいコーヒーに仕上げるコツ。

や行

湯温

抽出力を変える要素。湯温が高い方が抽出力は強く、低い方が弱い。味を安定させるためには、毎回、同じ湯温で抽出したい。

ら行

ライトロースト

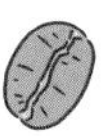

焙煎の種類のうち、最も焙煎時間が短いもの。浅煎りに区分され、酸味が強く、生豆の青臭さも残る。

リブ

ドリッパーの内側に付いている溝のこと。ドリッパーとペーパーの間に、空気が通る隙間をつくる。ドリッパーからのお湯の抜け方を変え、味わいに変化をつける要素となる。

ロブスタ種

カネフォラ種の1つ。ただ、カネフォラ種の主力はロブスタ種なので、「カネフォラ種＝ロブスタ種」と捉えられることもある。

わ行

ワールド・バリスタ・チャンピオンシップ

バリスタの世界一を決める大会で、毎年開かれている。エスプレッソ、ミルクビバレッジ、シグネチャービバレッジの3種類のドリンクをつくる。日本人チャンピオンは2019年現在、2014年に優勝した井崎英典さんのみ。アジア勢はその後、2016年に台湾代表、2019年には韓国代表が優勝を果たした。

監修者　井崎英典

1990年生まれ、福岡県出身。第15代ワールド・バリスタ・チャンピオン。2012年、史上最年少でジャパン・バリスタ・チャンピオンシップを制し、2連覇した後、2014年のワールド・バリスタ・チャンピオンシップでアジア人で初めて優勝する。現在はコーヒーエヴァンジェリストとして、国内外で活躍している。

参考文献

『珈琲完全バイブル』丸山健太郎（ナツメ社）
『エスプレッソ パーフェクト バイブル』丸山珈琲（ナツメ社）
『珈琲の大事典』（成美堂出版）
『珈琲の教科書』堀口俊英（新星出版社）
『コーヒー抽出の法則』田口護、山田康一（NHK出版）
『コーヒーの科学』旦部幸博（講談社）
『コーヒー「こつ」の科学』石脇智広（柴田書店）
『コーヒーは楽しい！』セバスチャン・ラシヌー、
チュングーレング トラン、訳：河清美（パイ インターナショナル）

写真・素材提供
UCC（P153）、日本スペシャルティコーヒー協会（P184、P186-187）、
スペシャルティコーヒー協会（P190-191）、丸山珈琲（P195）

データ出典・参照
全日本コーヒー協会、国際コーヒー機関（P118-119、P153）

取材・文・編集協力　中澤広美（KWC）
本文デザイン　秋山詩羽（cycledesign）
イラスト　芦野公平
撮影　蔦野裕
校正　有限会社あかえんぴつ
編集担当　遠藤やよい（ナツメ出版企画株式会社）

本書に関するお問い合わせは、書名・発行日・該当ページを明記の上、下記のいずれかの方法にてお送りください。電話でのお問い合わせはお受けしておりません。
・ナツメ社webサイトの問い合わせフォーム
https://www.natsume.co.jp/contact
・FAX（03-3291-1305）
・郵送（下記、ナツメ出版企画株式会社宛て）
なお、回答までに日にちをいただく場合があります。正誤のお問い合わせ以外の書籍内容に関する解説・個別の相談は行っておりません。あらかじめご了承ください。

理由がわかればもっとおいしい！
コーヒーを楽しむ教科書

2020年 2 月10日　初版発行
2024年11月20日　第20刷発行

監修者　井崎英典
発行者　田村正隆

発行所　株式会社ナツメ社
東京都千代田区神田神保町1-52　ナツメ社ビル1F（〒101-0051）
電話　03（3291）1257（代表）　FAX　03（3291）5761
振替　00130-1-58661

制　作　ナツメ出版企画株式会社
東京都千代田区神田神保町1-52　ナツメ社ビル3F（〒101-0051）
電話　03（3295）3921（代表）

印刷所　ラン印刷社

ISBN978-4-8163-6763-2
Printed in Japan